高效谈判口才与技巧

寒斌◎编著

中国纺织出版社有限公司

内 容 提 要

谈判是双方就彼此的需求达成一致协议的过程。在这个过程中，心理学发挥着十分重要的作用，它可以帮助我们更有效地了解对方，并最终牢牢把握主导权。

在日常谈判中，从开局、交锋到终局，方方面面都贯穿了心理学的策略与技巧。本书主要阐述了心理学在日常谈判中的运用，从而助你修炼成为真正的谈判高手。

图书在版编目（CIP）数据

高效谈判口才与技巧 / 寒斌编著. --北京：中国纺织出版社有限公司，2021.5（2024.4重印）
ISBN 978-7-5180-8369-5

Ⅰ. ①高… Ⅱ. ①寒… Ⅲ. ①谈判学—社会心理学 Ⅳ. ①C912.35

中国版本图书馆CIP数据核字（2021）第025481号

责任编辑：江 飞　　责任校对：高 涵　　责任印制：储志伟

中国纺织出版社有限公司出版发行
地址：北京市朝阳区百子湾东里A407号楼　邮政编码：100124
销售电话：010—67004422　传真：010—87155801
http://www.c-textilep.com
中国纺织出版社天猫旗舰店
官方微博 http://weibo.com/2119887771
北京兰星球彩色印刷有限公司印刷　各地新华书店经销
2021年5月第1版　2024年4月第2次印刷
开本：710×1000　1/16　印张：12
字数：198千字　定价：65.00 元

前言

生活中，谈判无处不在，不论我们是否愿意，都是谈判者。小到去菜市场买菜，与小贩谈价格；大到参加商务谈判，洽谈一笔大买卖；平常到与家人谈论晚餐吃什么；严肃到与领导谈论升职加薪的事情。总而言之，有人交流的地方，就有谈判。

谈判，有广义与狭义之分。广义的谈判是指除正式场合下的谈判外，一切协商、交涉、商量、磋商等。而狭义的谈判仅仅是指正式场合下的谈判。简单地说，谈判就是双方就共同关心的话题互相磋商，交换意见，寻求解决的途径和达成协议的过程。由于个体差异，每个人的意见和观点都是不同的，谈判就是以双方共赢为目标而进行的言语交流。最成功的谈判结果就是双赢，而且是不战而屈人之兵，而这妙计就在于心理学。

谈判，其本质就是一场心理博弈。在日常谈判中，如果我们能巧妙地运用心理学知识，则有助于谈判的成功。毕竟，如果一个谈判者富有心理学知识和谈判经验，他就能通过对方在谈判中的言行举止洞悉对方的心思或对方即将要采取的行动。谈判的目的就是满足双方的心理需要。既然是满足对方的心理需求，那自然需要从心理学入手。谈判只是一种手段，重要的是谈判桌前的两个人的需求都得到满足。而从谈判开局到结尾，谈判双方必然会有一个心理变化过程，这些看不见的心理活动会通过其言语、行为透露出来，且随着双方的言语交谈，必然会引发相应的心理变化。这些心理反应是不自觉的，有的可能会故作轻松，以掩饰内心的紧张；有的看起来淡然，以模糊自己的真实意图。深谙心理学的谈判者，不仅自己具备良好的心理状态，而且他们擅长观察对方的心理状态，以知己知彼，最终赢得谈判。

编著者

2020年12月

目录

第1章

准备充足知己知彼，不上无把握的谈判场

古人云："知己知彼，百战不殆。"人们在谈判之前需要尽量充分了解对方，特别是对方的实力、目标意图，这是必不可少的工作。我们可以收集信息和资料、拟订谈判方案等，做好充分准备，这样才可以胸有成竹地开始一场有把握的谈判。

准备充分而有力的谈判资料

谈判是有关方面就共同关心的问题互相磋商，交换意见，寻求解决的途径和达成协议的过程。谈判总是以某种利益的满足为目标，是建立在人们需要的基础之上的，这是人们进行谈判的动机，同时也是谈判产生的原因。简单地说，谈判就是对同一个问题或事情达成一致的协议。不过，商务谈判所需要的语言却与平时所说的语言不一样，谈判是双方的思想交流，除了临场发挥以外，还需要做好充分的准备。正所谓“不打无准备之仗”，若是毫无准备的情况下就贸然进行谈判，那最终只会败下阵来。因此，日常谈判，需要准备充分而有力的资料，这些资料包括对方的详细情况、我方需要达成的协议以及预想谈判的议程等。

凡事预则立，不预则废。商务谈判前应做好充分的准备，尽管无法保证一定能成功达成目的，但可以让自己处于有利的处境，保证谈判顺利进行。许多人进行商务谈判都是匆忙上阵，灰头土脸下阵，赢了不知道缘由，败了不知道原因。之所以会出现这种情况就在于没有进行精心的材料准备，那么，在商务谈判之前我们究竟应该做好哪些准备工作呢?

下面是一则为谈判所准备的材料。

一、了解谈判双方交易相关情况

1.双方情况的分析

我方分析：品牌号称价值几十亿，资金雄厚。如今已占据国内南方的市场，现在的打算是发展北方市场。鉴于北方地区的销售网络建设投资太大，想

找一个当地合作伙伴，共同建设生产与销售的机构。这样可以减少投资，分散风险，还可以缩短进入市场的时间。

对方分析：与该地区饮料行业关系密切，看好我公司在北方的发展前景，更想借我公司的知名品牌快速提高市场占有率，表示愿意与我方进行洽谈合作。

2.实际状况的分析

我方分析：我方主要的产品是各类饮料，我方掌握了技术，可以按一定的浓缩比例提供饮料生产必需的核心组分，广泛应用于各类饮料的生产，有效地支持生产商制造优质的饮料产品。我方可提供专家级的服务，包括市场建设、质量管理和工程技术咨询。

对方分析：其环境、气候、资源、政策条件适合我方建厂经营。对方有当地政府的政策支持，在北方市场有较强大的销售网络，拥有较为充足的资金。

二、谈判过程设计及预测

1.成交目标

建议工厂设计规模至少为年产量1亿瓶纯净水；需对方建厂土地至少30亩；需引进德国圈套纯净水生产线，拟定生产设备投资5000万~8000万元，而且设备由我方采购。

……

2.谈判地点、时间

……

在进行谈判之前，我们就应该掌握相当多的资料。

首先，应该详细地了解对方的所有情况。俗话说：“知己知彼，百战不殆。”只有对谈判的另一方有了较为充分的了解，在谈判现场才能有效地掌握

主动权。反之，如果对于对方的情况，你一无所知，那你就只能被对方牵着鼻子走。

其次，还需要了解我方需要达到什么样的目的，以及妥协的最低限度。仅仅是了解了对方的情况还远远不够，还需要相当熟悉自己的情况，因为在谈判中你所做的每一个决定都将以自己的情况作为基础，否则你便不知道自己到底需要达到什么样的目标。

最后，还应该预设一个谈判过程，并进行相应的预测，及时地了解谈判过程中可能出现的问题，提早做好准备，避免正式谈判时手忙脚乱。

在准备谈判的过程中，我们还需要注意这样几个问题。

1.资料越多越好

谈判一方所掌握的资料越详细越好，有的谈判者甚至会了解到对方谈判代表的喜好，以至于能在实际谈判中影响对方心理。总之，所掌握的信息和资料是永远不嫌多的，不过在掌握了大量资料之后，需要对资料进行提炼，获得其中精髓的部分。

2.资料越具体越好

当然，所掌握的资料应该是详细具体的，能够清楚地弄明白到底是什么情况，而不是模糊不清、笼统的，否则你在实际谈判时会吞吞吐吐，或者说不清楚，继而影响到谈判的结果。

3.收集和分析情报

在一些招投标项目中，收集与分析情报至关重要。我们应分析招标方对于这次招标是如何定义的，是寻求标的物性价比，还是仅仅要求价格最低，或者是为了照顾关系户；招标方对标的物最在意的是质量、工艺还是价格；等等。很多公司招投标之前，都会把关键人物集中起来，封闭在一个酒店里，严禁与

外界联系，都是为了不泄露己方情报。

4.了解谈判的实质结构

在谈判之前，我们需要对谈判的实质结构加以了解，例如，本次谈判参加者是谁、头衔分别是什么、性格特点是什么；是在自己地盘内谈判，还是在对方的地盘内谈判，或者是在第三方地点谈判。因为谈判的参加者与地点都是谈判中的结构，会直接影响谈判的结果。

制订一份完整的谈判计划

谈判计划是谈判过程的初始阶段，在对交易内容进行可行性调查研究的基础上进行的计划，包括确定谈判主题、明确谈判要点、挑选谈判人员、草拟谈判方案以及制订谈判措施等。在谈判之前，我们需要制订一份完整的“商务谈判计划”，这关系到谈判的结果，也直接影响谈判者自身公司的利益及其在公司的前途。

通常情况下，谈判的准备工作就是制订一个简单、具体而又有弹性的谈判计划。因此这个计划应该尽量简洁，以便其他成员可以记住其重要内容。计划必须具体，不能只求简洁而忽略具体，既不要有所保留也不要过分细致。而且，这个计划还需要有弹性，谈判者需要善于领会对方的谈话意图，判断对方的想法与自己的计划的区别所在，从而灵活地对谈判计划进行调整。

具体而言，谈判计划包括以下内容。

1.组建谈判团队

一个优秀的谈判团队除了必须具备相应的专业技术知识外，还必须具备一定的谈判经验，而且能够融洽地处理同事之间的关系以及与谈判对手的关系。为了使谈判高效运作，谈判团队可以由谈判组长、技术专家、商务专家、财务专家、法律专家、后勤保障人员组成。

2.谈判成员分工

按照谈判小组成员的各自特长，进行合理分工，明确责任范围，关键是解决在分工基础上的小组成员的全面合作问题。在确定完谈判小组成员后，可以组织一次全体成员会议，将所了解的对方的全部情况向全体成员详细说明，进行明确分工，强调团体合作。

3.拟订谈判目标

谈判目标必须明确具体，同时，谈判团队的各成员应该清楚认识到这一目标。简单地说，谈判的所有活动都将围绕谈判目标展开，谈判结束后势必达成这个谈判目标。

4.确定谈判的地点

通常情况下，假如谈判需要进行两场以上，那己方与对方都将准备一个谈判地点。为了避免在对方公司谈判时的被动局面，谈判主场可以安排在接待对方代表的酒店。那么下一轮在对方所在地谈判时也可以要求在酒店会议室进行，这样是公平合理的。安排在对方所住的酒店可以让对方代表消除由于第一次到不熟悉的地点而产生的陌生和紧张的感觉，有利于创造出良好的谈判开局气氛。尽管这会增加酒店会议室的费用，不过这样的费用承担是值得的。

5.确定谈判日程

拟订时间表并与对方协商，或者确认对方拟定的时间表，确认时间、议题以及预期达到的结果。在不能按照预期进行谈判时要采取补救措施，假如某天没能就某议题达成协议则利用晚上的时间继续谈判，一周未能达成一致，则利用周末继续谈判，或者暂缓谈判，安排另外时间或延长时间等。

若是一次谈判不可能达到最后协议，还需要安排第二轮谈判。所以谈判日程尽量安排紧凑一些，最好能在一天之内全部安排完毕，留下足够的时间安排对方代表考察己方公司，向对方展示己方实力。若对方谈判代表是第一次到己方所在地，那按照惯例必须安排对方代表在己方所在地的旅游活动，给对方谈判人员留下美好的印象。第一次谈判只需要就主要议题进行安排，安排不完或这次不能达成协议的议题，可以暂且放在下次进行。

6.拟定谈判策略

按照谈判日程，面对不同的谈判阶段制定完善的谈判策略，而且简单地用文字表述出来，以便谈判成员熟记于心。例如，在开局阶段，己方在做公司介绍时要重点介绍哪些知名企业是己方的长期用户，己方公司为这些企业保证产品质量、降低成本方面做了哪些贡献；在报价阶段，为了展现己方的真诚，在坚持报价原则上直接陈述己方可以给对方在降低产品成本方面的各种帮助，为后面的谈判留下足够的空间；而在议价的阶段，需要重点强调己方可以为对方降低产品成本，毕竟这是对方最关心的事情；在让步策略上，在提供己方的专业知识及经验方面做出比较大的让步，即便对方不要求，在知识及经验的传播上我们也应是不遗余力的。

7.收集谈判资料

可以由谈判小组的后勤保障人员列出相关信息资料列表，逐一准备，包括背景资料、行业资料、对方信息资料、相关法律资料、相关标准资料、技术资料、产品或服务资料、商务资料、财务资料等。

8.准备合同文本

通常来说，谈判结束后再准备合同是很不好的习惯，毕竟匆忙地准备合同必然会产生遗漏，总有考虑不到的地方。不论对方是否准备合同文本，己方都需要做好充分的准备，即便最后是按照对方的合同文本进行合同条款谈判，己方也需要准备合同文本，避免陷入合同陷阱。所以，谈判小组成员的法律专家应起草一份合同文本作为准备，若是谈判进行得顺利，在第一轮谈判结束时基本达成一致，己方应主动提交合同，若谈判不成功，则留待下次使用。

9.准备一套应急方案

在谈判的过程中，也许会出现许多无法预料的事情，所以，在谈判之前，我们应考虑得尽量周全些。对一些可能的突发事件，预先做好应对方案，使谈判能够顺利进行下去。

例如在成员方面，若确定的谈判成员由于公司其他事情或个人的原因不能按时到达，应由谁替代？谈判过程中，由于某位成员有紧急事情而不能继续谈判，临时从公司抽调人又来不及，这时如何安排？

在场地及设备方面，若确定在酒店会议室谈判，那么酒店不会像公司那样方便，则必须考虑到电力、设备等故障的应急处理措施，通常这些在签订会议室使用合同时就应要求酒店给出方案。

将话说到对方的心坎上

说话是人与人之间交流与沟通的主要方式，无论在生活还是在工作中，我们总希望自己有足够好的口才能说服他人，让他人听从自己的建议，遵循自己的意见。然而，说服他人并不是一件简单的事，唯有掌握足够的技巧和方法，才能让自己的语言具有强大的说服力。而这些技巧中，最重要也是最有效的一条便是破解心灵密码，将话说到对方的心坎上，打开对方的心灵大门。只有这样，才能让他人心悦诚服地接受你的观点，心甘情愿地听从你的建议。

在当今这个处处讲究抢占先机便能出奇制胜的现代社会，若想他人心悦诚服地认同你的观点，最好的办法莫过于巧妙地运用心理学的策略，将整件事情不着痕迹地引向自己想要的发展方向。锦上添花也好，化干戈为玉帛也好，洞悉人性、体察人心，就可以在复杂的人际交往中纵横驰骋，在社交场合中进退自如。

语言与心灵是相通的，所谓“言为心声”，说的便是这个道理。所以，在人际交往中注意学习心理学知识，提高心理学的指导和运用水平，便能破解说话对象的心灵密码，从而令自己的话语更加具有说服力。

组建一个好的谈判团队

任何一个组织，不管大小都需要团队合作，虽然合作的形式会有所差别，但高效的团队合作，往往是组织成员共同努力的结果，因为组织内上下级、员

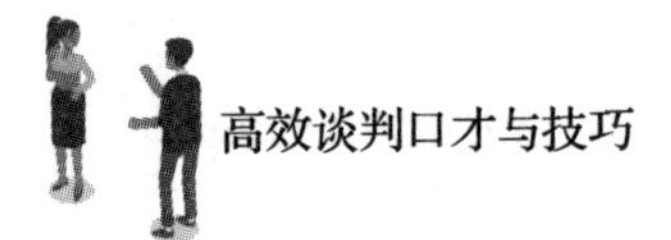

工与员工之间的沟通交流是一个复杂而微妙的动态过程，而并非简单的加权。谈判团队作为一个典型的组织团队也是这样。如今，谈判变得越来越复杂，所牵涉的范围也比较广泛，所需要的知识也很广博，涉及产品、技术、市场、金融、法律等多方面，假如是国际谈判，还会涉及国际法、外语等知识，没有哪个人能够掌握如此纷繁的专业知识。因此，谈判除了一对一的方式之外，更多的时候是一个谈判团队对另外一个谈判团队。为了实现某个具体的谈判目标，各团队成员汇聚在一起，从而形成了一种新的力量。

谈判团队的组合实际上是一种优势互补。在实际生活中，即便是再高明的谈判专家也有不知道的地方，也有自己的不足之处，总是这里或那里搞不明白。面对这样的情况，若是找一个能与之互补的人组成团队，岂不是更完美？我们都知道，一个人能力再强，但也到不了想干什么就干什么的地步，因此一个好的谈判团队往往聚集了众多个人的力量，从而形成更强大的力量，而这样的力量恰恰是在实际谈判中所需要的。所以，如果你想让谈判顺利进行，那么组建一个好的谈判团队是很有必要的。

有些谈判者喜欢一个人与对手进行谈判，因为他们喜欢这种形式所带来的控制感。但即便是最简单的谈判也有其复杂的地方，而且极少有人能在谈判中同时身兼说、听、看和计划这样几项工作。这时若是有一个精良的谈判团队，那效果必然会不同。

那么我们在组建一个较好的谈判团队时应该考虑哪些问题呢？

1.明确谈判团队的人员组成原则

在组建谈判团队时，需要考虑两方面的内容：一方面是需要成员具有良好的专业基础知识，而且能快速有效地解决谈判中可能出现的问题；另一方面参加谈判的人员必须关系和谐，可以求同存异。简单地说，就是需要成员遵循知

识的互补性，包括性格、能力的互补。

2.对谈判成员数量进行有效控制

可能有人会问一个谈判团队由多少人构成才是最合适的呢？国内外的专家普遍认为大概需要6个人，其中包括谈判管理员、经济人员、技术人员、法律人员、翻译人员、记录人员。人员的搭配要适当，也可以根据具体情况适当做出调整。

正确且合理使用谈判礼仪

在日常谈判中，礼仪扮演着十分重要的角色，合理地使用谈判礼仪有助于谈判的顺利进行。由于不同地区存在文化差异，这影响着日常谈判，因此，谈判者应该注意谈判过程中礼仪的正确使用。随着经济的快速发展，谈判在业务合作过程中扮演着越来越重要的角色，不同角色在谈判中的礼仪表现是不尽一致的。谈判作为一项特殊的商务活动，对谈判者的语言和行为礼仪都有着很高的要求，在谈判过程中，谈判者可以通过大方、得体、优雅的行为礼仪为和谐友好的谈判气氛提供重要保证。

谈判礼仪的作用一是律己，二是敬人。所谓律己，就是用一定的礼仪来规范自己的行为，表现出良好的内在修养，不但让自己充满信心，而且获得对方的尊重。所谓敬人，就是通过一定的礼仪，更好地向对方表达尊重、友好与善意，增进双方之间的信任和友谊。当然，良好的谈判礼仪不仅能在谈判场合受益，还可以有效提升个人的素养，毕竟教养体现细节，细节展示素质。我们在商业交往中会遇到不同的人，对不同的人如何进行交往，这是需要讲究艺术

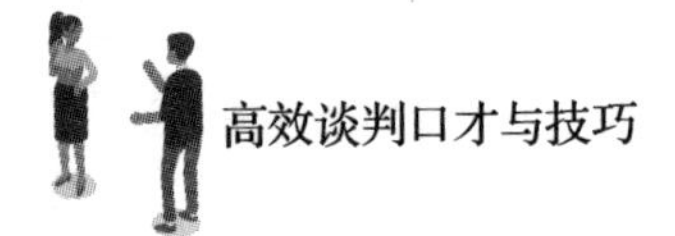

的，很简单的例子，夸奖对方的言辞要得体、恰当，否则也会令对方感到不舒服。而且，良好的谈判礼仪还有利于维护企业形象，在商务交往中个人代表整体，个人形象代表企业形象，个人的所作所为就是企业的典型活体广告。一言一行，一举一动，所谓此时无声胜有声。

良好的谈判礼仪包括以下几方面。

1.仪容礼仪

谈判者出入谈判场合，应该讲究仪容仪表。正所谓“佛要金装，人要衣装”，整洁得体的服饰和大方的仪表不但可以美化一个人的外表，而且可以反映一个人的个性、审美情趣和文化品位等。一位仪表得体的谈判者，可以给谈判对手留下良好的第一印象；而一位衣冠不整的谈判者不但自毁形象，而且会给人一种邋遢的感觉，这样的形象极其容易被谈判对手轻视。所以谈判者需要注重仪表礼仪，不一定要穿名牌，但着装一定要合体、合适。

女士的仪容仪表包括头发、发型发式、面部修饰、着装、丝袜、皮鞋，以及携带的必备物品等。发型应该保持美观、大方，女士选择发卡、发带时应注重庄重大方，在正式谈判场合应该以淡妆为主，不应该浓妆艳抹。女士在着装时要严格区分职业套装、晚礼服及休闲服之间的差别，尽量避免无领、无袖、太紧身或者领口开得太低的衣服，款式要尽量合身。

而男士的发型发式标准是干净整洁，注意经常修饰、修理，头发不宜过长，前部的头发不要遮住眉毛，侧部的头发不要盖住耳朵，后部的头发不宜过长。男士在面部修饰方面要注意每天进行剃须修面以保持面部清洁，随时保持口气清新，不要带有香烟味、酒气等刺激性气味。男士的着装以西装打领带最为稳妥，衬衫的搭配要适宜，避免穿夹克衫，西装不要与高领衫、T恤或毛衣搭配，西装一般以深色为主，避免穿有格子或者颜色艳丽

的西装。

2.介绍顺序

在谈判过程中，介绍的礼仪规则是：不分男女老幼，先把社会地位低的人引见、介绍给社会地位较高的人。例如："王总经理，请允许我向您介绍本公司的业务代表小李。"然后对小李说："小李，这位是山水公司的王珂总经理。"在大型的商务谈判中，通常是由双方主谈人或主要负责人互相介绍各自的谈判人员。假如是一方的代表同时介绍双方的谈判人员，应先介绍己方人员，然后再介绍对方人员，以示尊重对方代表。

3.握手礼仪

握手是目前世界上大多数国家人士见面时互表敬意的普通方式之一，谈判双方人员会面和离别时，通常以握手作为友好的表示，所以谈判人员不可忽视握手礼仪。通常主人应向客人先伸手，以表示欢迎。在机场、宾馆或会谈室接待来宾，不管对方是男士还是女士，主人都应先伸手；在离别时主人不必先伸出手，以免有催促客人赶快离开之嫌。

通常男士应等女士先伸出手后方可伸手去握，男士与女士握手，通常只需握一下女士的手指部分，不要握得太紧，也不可以握得太久。假如对方是上流社会贵族妇女则先伸出手作下垂式，男士将其指尖轻轻托起吻之。握手时，主人、女士、年长者、身份高者先伸出手，是为了表示对对方的尊重。握手时应注视对方的眼睛，微笑致意，切忌左顾右盼，心不在焉。

4.守时守约

守时是谈判中的基本礼节，参加谈判的日常人员，需要准时按约定时间到达，不能迟到，也不能过早到达，以免主办方因未准备完毕而出现手忙脚乱的难堪情况。假如不能如期赴约要事先打招呼，因故迟到要主动道歉。

5.言谈礼仪

在商务谈判时要巧于辞令，措辞准确，语气神态要融合现场气氛。谈判者要注意自己提问的方式，不可唐突，咄咄逼人。在陈述时要娓娓道来，不能东拉西扯、傲慢无礼。在谈判时要心平气和，以理服人。

6.举止优雅

谈判桌其实就是一个人的活动舞台，若是举止不当，不但直接影响谈判效果，同时也会自损形象。所以谈判者的举手投足、一颦一笑都需要符合公务活动的规范，特别要注意和对方保持一定的距离，不能过于亲近或疏远。

7.尊重对方

谈判者需要在谈判桌上营造一种友好的气氛，不能弄得硝烟弥漫、刀光剑影，这就需要充分尊重对方，包括尊重对方的风俗习惯，交谈中不要涉及隐私、禁忌及敏感问题，更不能拿对方的生理、穿戴、习惯等作为话题加以取笑。

8.互赠名片与施礼

交换名片也是很有讲究的，接过对方的名片后应点头致意，并妥善保存。假如在谈判桌上一次接受几张名片时，最好将名片依次摆在桌上，与对方的座次一致。在谈判交往中，适当施礼是必要的，互赠礼物可以增进双方的情谊，融洽彼此之间的关系，创造良好的谈判氛围，不过赠送礼物要恰当，不宜太贵重，以免让人觉得你另有所图。

用你的优势去战胜对方的弱点

王萌萌是一名初三的学生，不但家庭条件富裕，而且学习非常棒，所以很

受老师的青睐。可是她们班一个和她年龄差不多的女生令她很头疼。因为这个女生知道她家有钱，所以就动不动找她借钱，但很少还钱，向她要吧，她说身上没带钱，这确实让萌萌很是烦恼。所以在学校里她就尽量避免和这位同学见面。

可她们毕竟是同班同学，抬头不见低头见。所以她打算想个法子彻底断了这位同学再向她借钱的念头。

正好，有一天学校要收钱，这位同学又来向她借钱，她很自然地借了。过了一会儿，她故意走到这位同学跟前，对她说，我刚才看到你钱掉地上被人捡走了，果然，这位同学立马把手伸进兜里，并掏出钱笑着对她说："看，我的钱在这呢，没丢！"这下让萌萌逮着机会了。于是萌萌马上拉着脸在其他同学面前对这位同学说："你不是说你没带钱吗？还向我借钱。你做人怎么这样啊!亏我还把你当作最好的朋友呢！你竟然是这么不诚信的一个人。以后再也不和你做朋友了。还有，把我的钱还我。"

就这样，萌萌不但要回了钱，而且这位同学从此再也没找她借过钱。

如果单单说要钱，我们从例子里面看不出什么新鲜的。但如果从萌萌要钱的范式以及时间来看，我们就会发现，她是既知道别人为什么会经常找她借钱，又了解别人的性格，找准了说话的场合，利用"人都爱面子"这个人性的弱点，才达到了她预期的目的。也就是说萌萌正是懂得了只有知己知彼，才能百战不殆的道理，才去找那位同学的。

在辩论中，我们又该如何做到百战不殆呢?

1.了解自己，扬长避短

所谓知己，就是要了解自己，明白自己的致命弱点在哪儿。例如，很多青年在辩论时心里紧张，一上场就会头脑一片空白，不知道自己该说什么好。刚刚成年的青年，他们的心理素质、性格特点都有着很大的波动性。如果他们不去了解自身各方面的弱点，那他不单是在辩论上，就是在生活中也可能遇到意想不到的麻烦。所以，对于青年来说，要学会了解自己，扬长避短，随时发现自己的弱点，然后想办法去克服它，尽可能不要轻易让对手看出你的弱点，只有这样，你才不会在成长的过程中遇到不该遇到的麻烦，你也才有可能、有机会战胜对手。

2.了解对手，攻其弱点

辩论本来就是正反双方都把各自当作对手，然后想办法用自己的言论去驳倒对手。而想要轻松地战胜对手，首先就应该了解对手，主要是了解对手的弱点，想办法摸清对手的短处在什么地方。然后才会有机会对其弱点进攻，最后战胜对手。

《孙子兵法》上说，不了解敌人而只了解自己，胜败的可能性各占一半；只了解敌人而不了解自己，同样是胜负各半。也就是说，要想做到百战不殆，就要既了解自己，同时还要了解对手。而了解对手，首先就应该明白对手是个什么样的人，然后想办法找到对手的薄弱环节在哪里、是什么，最后找准机会，对其最薄弱最容易被打败的地方给予致命一击。最终战胜他。如果你能做到这些，你也就真的有机会达到百战不殆的境界。

3.用你的优势去战胜对手的弱点

凡事有长必有短，人也不例外。问题的关键就是你明白了自己的优势后，会不会用你的优势去战胜对手的劣势。举个例子，假如你刚好要参加一场辩论赛，恰好你了解你的每一位反方辩友的实力，同样你也清楚你方每位辩友的实力，那你们何不就此发挥一下扬长避短的功效，各自找准各自最有把握战胜的对手呢？其实这就是用自己的优势去战胜对手劣势的很

好方法。

所以，当你懂得了百战不殆的道理后，你还要学会如何去付诸实践。而以上的观点也许可以帮助你。

第2章

步步为营掌控主动，开场就要进行心理较量

好的开始是成功的一半，在谈判开局时，我们要善于营造良好的氛围，让对方产生好感，创造或建立起谈判的和谐度，从而让谈判双方在愉快友好的气氛中不断将谈判引向深入，步步为营，掌控主动。

谈判是心理博弈

谈判在本质上就是一场心理博弈，在实际谈判中运用一些心理学知识，会帮助我们在谈判中获得成功。对于一个富有心理学知识和谈判经验的行家而言，他差不多一眼就可以看穿对方的心理或对方可能采取的行动。从心理学的角度来看，谈判就是人与人之间彼此认知、心理交流和互相影响的过程。不论人们的行为或语言何等复杂，都是可以预测和理解的。通过认真研究，就不难发现人们行为中的各种可以预测的因素，这些因素都可以向外界透视某种信息，而捕捉这些可能影响谈判最后效果的信息，就是一个有经验的心理学专家在谈判中的优势。所以说，在一场谈判中，谈判的双方表面上看是逞口舌之快，实质却是一场心理博弈。

在谈判中，通常会有以下几种心理。

1.掩饰心理

在谈判过程中，即便是谈判者出现一定程度的失误，他们也不会承认，他们总是会找理由替自己做辩护，通过这样的方式来让自己的思维合理化，这其实是一种掩饰心理。

2.情绪效用

当谈判者的气势受到挫折的时候，会产生一种激烈的攻击反应，将自己愤怒的情绪直接宣泄出来，有时还可能通过无关的事情反映出来。假如谈判者在谈判桌上出现了一些意料之外的情绪变化，那可能是攻击心理的外化形式。对此，我们需要认真对待。例如，有的谈判者即便在家里、单位里或者公共场所

遭遇不快，也会在谈判桌前暴露无遗，这就是情绪效用。

3.逆反心理

这是谈判者受到某种心理压抑而产生的一种反向冲动的心态变化，处在这种防卫心理状态的谈判者，其外在表现与内心往往是相反方向的。例如，有时候我们在谈判桌上经常会看到这样的情况：谈判者的某种需求遭到对方拒绝的时候，会表现出愤愤不平的样子，并宣布自己退出谈判，这就是逆反心理的表现。

4.逃避心理

在谈判过程中，假如出现了尴尬或令人焦虑的事情，谈判者就会试图以某种理由为借口逃脱出来，并会满腹牢骚且失去挑战精神。其实，这样一种自我防卫的逃避心理对于谈判者本身是极其有害的。

5.热衷自我表现

在谈判过程中，有的人经常借用夸张、说谎或带有戏剧性的言行，来表现自己，达到哗众取宠的目的，这其实是一种自我防卫机制的行为反应。在谈判过程中，只要我们认真观察这些言行，就一定可以获取对自己有价值的信息。一些有经验的谈判者还会借用对方显示自己的慷慨，以达到获利的目的。

正面交锋，在虚与实中磋商

在日常工作中，与客户谈判成了我们工作的主要内容。而现代商务谈判均是以互惠互利为目的，以洽谈磋商为手段，这就免不了要与对手进行一番正面

的交锋。甚至，我们可以说谈判其实就是一场心理战，谁能掌握主动权，谁就能赢得最后的胜利。所谓“商场如战场”，面对强有力的对手，我们不仅要具备良好的心理素质，更需要通过对手表现出来的细枝末节去揣摩其真实意图，简单地说，你需要知道对手手中最后一张王牌，否则，你会败下阵来。

在谈判过程中，我们需要灵活使用心理战术，以此来识破对手的意图，如此才能抢得先机，也才能赢得谈判的最后胜利。

1.以静制动

在谈判中，以静制动，就是静非不动，敌不动我不动，静观其变。在双方的对峙中，需要以静制动，你若按捺不住，四处乱动，那么，你的胜算就会少之又少；如果你能以静制动，那么，在与对手的周旋过程中，会逐渐将自己的劣势变为优势，而且，在等待的过程中，你能够通过其表现出来的言行识破对手的真实意图，这样，对手就处于被动地位了。

2.以退为进

在谈判过程中，若是紧紧相逼，不仅不能识破对方的真实意图，反而会使自己陷入难堪的境地。因此，我们需要懂得退让，另外，让步不能一步到位，而是应该一步一步地退让，而且让步也不能太早，过早让步往往会令自己后悔。但是，若关键时刻不肯让步，也容易导致谈判的破裂。大多数情况下，当对方已经到了让步的最后阶段，我们可以适当做出让步，让谈判得以顺利进行。

关键的是，在让步之前可以做一些假设性提议，试探对方。例如，“如果我们把价格降低5%，您能确定和我们签约吗？”这样不会让你受到约束，也可以帮助你识破对方的真实意图。

俗话说：“知己知彼，百战不殆。”在一番心理较量中，如果我们能有效地识破对手的真实意图，无疑为整个谈判成功赢得了最佳的机会。必要的时候，我们可以利用对方的“底牌”给予适当的压力，这会令对方更容易做出决定，他会在压力之下不得不答应我们的要求。所以，面对对手，我们要有信心去打好一场心理战，在心理较量中，识破对手的真实意图，以此达到自己的谈判目的。

谈判语言，不在于多而在于巧

《墨子·附录》中有这样一则寓言：

墨子的学生问墨子：“话说得多好吗？”墨子回答：“青蛙从早到晚叫个不停，但是有谁去听呢？而雄鸡一唱天下白，所有人都起身劳作。可见多说话又有什么好处呢？重要的是话要说得恰到好处、切合时机。”

这是古人都明白的道理，然而现代许多人却往往没有意识到，从而做了聒噪而令人生厌的青蛙。人们常说：做得多，不如做得巧。说话也是如此。有的人自认为口才好，不分场合、时间，只要抓住机会就口若悬河、滔滔不绝，生怕别人不知道他的才能。殊不知话说得再多，假如不能说到点子上，就是废话、无用的话，除了自己白费口舌，也令听的人生厌，甚至影响人际交往的关系。所以，说话不在于说得多，而在于说得巧。只有说到对方的心坎里，对方才能心悦诚服地接受，而你所说的话也才能达到一句重千斤的效果。

把话说到点子上，是一个具有良好口才的人所必须具备的能力之一。和人

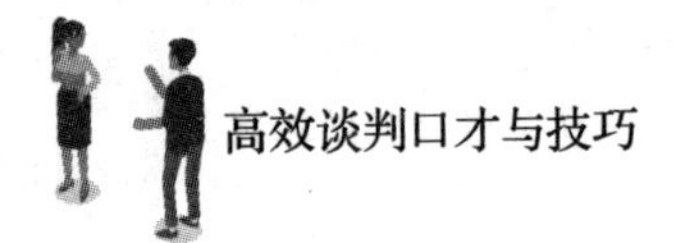

交谈时，要充分思考，要认真筛选、过滤出最精辟、最能恰如其分地表情达意的语句，这样，听话的人才不会觉得累赘，才会认真思考话中的深刻内涵，而你所说的话也自然就有了分量。

喋喋不休是说话的大忌，说话的质量与数量之间，往往并不成正比。你一旦明白了这个道理，在说话的时候就不会无所顾忌、信口胡言了。夫妻之间、朋友之间、同事之间，甚至是陌生人之间，无休止地唠叨都是损害双方关系的致命错误。因此，当你开口时，一定要先想一下，怎样才能用最简洁的语言表达出自己想要表达的意思。假如每次说话都能做到这一点，那么你一定是个口才大师，一个人际交往的高手。

情绪化是谈判的大敌

一个人的情绪对行为有着相当重要的影响。能够敏锐地察觉他人情绪、善于控制自己情绪、巧于处理人际关系的人，往往更容易获得事业的成功。商务谈判情况复杂多变，双方的情绪也会随之波动，谈判过于情绪化，对谈判本身是毫无益处的。谈判高手须对双方的情绪进行有效的调控，使商务谈判可以按照预期的方向发展。商务谈判中并非张牙舞爪、气势夺人就会占据主动，反而是那些喜怒不形于色、情绪不被对方所引导、心思不被对方所洞悉的人更能克制对手。所谓柔者长存，刚者易损，如果想成为商务谈判的高手，势必谨慎对方的情绪干扰。

我们偶尔会在商店看到这样一幕：个别顾客冲着售货员就出售的货物质量或其他的原因大发脾气，售货员觉得不是自己的问题而试图解释，但

顾客根本就听不进去，不但要求退货，而且继续大吵大闹，甚至双方会发生激烈的口角。在双方情绪都比较激动的情况下，问题往往不能得到解决。在日常谈判中，情感表露对谈判可以产生重要的影响。如果谈判对手刚刚新婚，或者刚做了一笔漂亮的生意，这让他在谈判中不禁喜形于色，对方高昂的情绪可能会使谈判十分顺利，很快达成协议。但是，如果谈判对手情绪低落、心情不畅，则可能对我们大发雷霆，导致谈判进展缓慢，甚至无法进行下去。

在谈判中有时双方都难以抑制自己的情绪，个人的情绪还会有一定的传染性。有时处理不当，矛盾激化，则会使谈判陷入不能自拔的境地。双方为了顾及“脸面”而彼此绝不做出任何让步，结果双方都难以再谈判下去。在商务交往中，谈判双方的情绪高低可以决定谈判的气氛，正确对待谈判者的情感表露，尤其是处理好谈判者的低落情绪，甚至是愤怒的情绪，对今后双方的进一步合作有深远影响。

那么，在谈判中如何避免情绪化呢?

1.关注和了解双方的情绪

假如谈判对手十分生气，甚至冲着你大发雷霆，那一定要密切关注对方的情绪变动，同时也要注意自己的情绪。我们应该弄清楚对方生气的原因，是对方在寻找策略的途径，还是个人家庭出现了问题?对方只是想通过情绪干扰来赢得我方的让步，还是对方在束手无策的情况下的一种情感宣泄?只要我们弄清楚对方情绪大变的原因，就会找到解决办法。不过在对方情绪不稳的情况下，不宜急于做出解释和澄清。

2.缓解情绪冲突

在商业谈判中，在个人情感上占上风是没有实质性意义的，非要弄清谁是谁非并不是最终的目的。谈判者追求的是双赢。所以，在缓解情绪冲突的时候，有些象征的体态语言往往可以起到意想不到的使局面发生逆转的作用，如握手、赠送礼物、请吃饭等。智慧的谈判者会觉得用行为表示道歉是谈判中成本最少，而回报最高的投资。

3.让对方的情绪得以发泄

在谈判过程中，当对方的情绪还在发泄时，并不是解决问题的最好时机。这时最佳方法就是静静地倾听对方，不宜还击对方。为了能够让对方的情绪稳定下来，应该引导对方将理由说清楚，让对方将心中消极的情绪发泄出来。

善于言辞，把话说得牢靠

有时同样是当众说话，有的人因词不达意而漏洞百出，有的人却口吐莲花、左右逢源，区别在于语言是否缜密。当众说话，更应该谨慎小心，需要把话说得滴水不漏。在现实生活中，无论是当众说故事，还是当众做报告，我们都应该谨慎使用语言，把话说得牢靠，不让听众有反驳的机会，不给听众空子可钻。不过，许多人说话不经大脑思考，常常是脱口而出，结果因为言语漏洞百出而贻笑大方。因此，在当众说话时，我们不仅要善于言辞，更需要努力将话说得滴水不漏，不让听众抓住你的把柄。

在现实生活中，要想把话说得滴水不漏，在面对不同的人时，就应该有不同的说话方式，也就是我们常说的“见人说人话，见鬼说鬼话”。之所以这样的语言表达滴水不漏，主要在于抓住了人们常以自我为中心的弱点，在语言上

让对方得到自我满足，放松防卫意识，而且能使对方因你的关心而对你产生好感，从而达到人际关系和谐的目的。

1.三思而后说

俗话说："三思而后行。"说话也一样，语言经过了大脑的思考才更有说服力，而且也能经得起听众的"检验"。所以，无论是在什么场合，面对什么人，我们都需要"三思而后说"，嘴边留个把门的，这样的言语才会显得缜密。

2.不让语言露出破绽

当众说话，最忌讳的就是言语露出破绽，那将意味着你在许多人面前出丑，而且这种情况也是不容易挽回的。因此，言语需要更谨慎，避免错语、失言的情况出现，应让自己的语言毫无破绽。

引导对方适当"换位思考"

《孙子兵法》云："知己知彼，百战不殆。""知己"与"知彼"相比较，"知彼"就显得更为重要。伟大的斗士都是不会随便轻视他的对手的。要做到"知彼"，最好的方法莫过于站在对方的角度看问题。人们在交往之中，总希望与人交流时能够尽快达成共识，缩短与对方沟通的时间，但双方思想观念不同，又存在不同的意见，说不到一块，不得不花费时间和精力去沟通，有可能还会造成一些不必要的误会。要让自己的意见容易得到他人的认同，那么就要让对方站在自己的角度看待问题，增加别人理解自己的可能性。

如果我们做任何事情的时候，都能从对方的观点去想，站在别人的立场分析事情，就能够得到对方的认可和信赖，并拥有良好的人际关系。由于换位思考，可以感同身受地体会他人的难堪、苦恼，因此，在人际交往中，我们希望得到他人的支持，希望别人能感受我们所感受的，最好的办法就是让对方站在自己的立场看待问题。这样，他就能真切感受我们所面对的难处，自然而然就会全力支持我们。

孔子曰："己所不欲，勿施于人。"人应当以对待自身的行为为参照物来对待他人，人应该有宽广的胸怀，待人处世应宽宏大量。因为人生在世除了关注自身的存在以外，还得关注他人的存在，所以需要我们在生活中学会站在别人的立场看问题。同样的道理，让对方站在自己的角度看待问题，这实际上是一种换位思考。对方站在我们的角度，就会设身处地地为我们着想，即想我所想，理解至上，那么人与人之间就会多一些理解。人与人之间最难的就是不被人理解，如果他能忧我所忧，能够深入体察我们的内心世界，就会彼此理解。这时候，理解就是一种爱护，一种体贴，一种宽容！

1.心平气和地思考问题

我们与人相处，在遇到困难的时候，不要抱怨，不要气馁，而应该心平气和地思考问题。向对方倾诉的时候，不露痕迹地让对方站在我们的角度看待事情，体会我们的难处，这样，他们就会思我们所思，那么一切困难都会迎刃而解。

2.让对方站在自己的角度看问题更容易达成协商

当双方彼此抵触的时候，从别人的观点来看事情，也可以减缓紧张情绪。人们都习惯站在自己的角度思考问题，如果对方能站在我们的角度去看待问题，那么，人与人之间的关系就自然会变得很融洽。有些时候，人们很难用简

单的对与错来衡量某一件事情。看问题的角度不一样，结果也就不一样。当我们面对严重的交往难题时，巧妙地让对方站在我们的角度看待问题，原本疑惑不解的问题可能就变得豁然开朗了。

第3章

察言观色探知真心，了解虚实方能戳到要害

谈判就是一场心理博弈，而心理博弈在于如何辨别他人的真实意图。在谈判过程中，适时察言观色可以让我们先知先觉，通过对方的表情行动判断对方是否对谈判内容产生兴趣，这时就不要错过机会，了解对方的虚实可以戳到要害。

识破对手面部表情的秘密

早在古代，就有占卜看相的说法，占卜者凭着一个人的面部特征、相貌来预测其命运，或者只凭一个人的眉毛形状来下定论。其实，在科技日新月异的今天看来，这种所谓的相学是不科学的，毕竟，只凭一个人的眼、眉、耳、鼻的形状以及位置等脸部特征，是很难判断出一个人的心理活动的。然而，若是运用现代心理学，通过一个人的面部表情来揣摩对方的心理，则往往能准确地"读"出他人的心理。这样一种识人心术可以很好地运用到交际场上，尤其是我们所面对的对手。例如，在商业谈判中，要想紧紧地抓住谈判主动权，我们就需要了解对手是一个怎样的人，他的心里到底在想些什么。这时，就需要我们仔细观察他的面部表情，如果我们能恰当地"读"出那些面部表情所暗含的秘密，那么，就已经胜券在握了。

这天，王明接到通知，下午将要与一个大公司的客户进行商业谈判。当然，王明并不是谈判代表，而仅仅是陪同而已，真正的谈判代表是公司总经理李兵。

下午，王明忐忑不安地跟着李总走进了会客室，客户已经到了。彼此寒暄了几句，就进入正题。王明忍不住看了对方一眼，发现他脸上面无表情，冷冰冰的，似乎不带一丝情绪。他心一紧，好像真的碰到对手了，可怎么办呢？他抬头看了看坐在身边的李总，发现一向笑脸迎人的李总居然也板着一张脸，王明可纳闷了：这是怎么了？两个人是仇人吗？在整个谈判过程中，两人都面无表情，公事化地谈论着一些合作细节，不到一小时，两人签了合同。

客户走了之后，李总呼出一口气，整个人显得格外轻松，脸上也露出了笑容。王明不解地问：“李总，刚才，你们干吗都板着脸？这样的谈判怪吓人的。”李总笑着解释：“这位客户面无表情，想必是一个缺乏人情味的人，跟这样的客户交谈，我笑得再多也没用，还不如跟他一样，面无表情，这样一来，他会觉得跟我是同类，自然就没有了招架之力。”

李总通过客户的面部表情判断对方是一个缺乏人情味的人，而对付这样的人，自己需要保持同样的表情，如此，才能打破其心理防线，最终达到谈判成功的目的。有人说：“表情比嘴巴更会说话。”有时候，我们仅凭一个表情的动态就能揣测出对方的心理。从心理学上看，表情是动情的一种反映，而动情则是一个人感情、意志等的心理活动。因此，只要我们仔细观察对方的面部表情，就可以读懂对方的心，再对症下药，达到交际的最终目的。

如何才能从细微的面部表情中“读”出对手的心呢？

1.表情丰富且喜欢笑的人

有的对手表情丰富，而且经常会露出笑容。这样的人有着良好的人际关系，善于处理人与人之间的关系。而其善意的笑容时常给人以亲近的感觉，他们属于容易亲近的类型，性格大多外向，比较容易沟通。即使碰到与自己不合的想法，他们也会详加考虑，喜欢为他人着想。与这样的人谈判，不得不说是一次愉快的沟通。

2.面无表情的人

有的对手在谈判的时候，即使面对面也绝不露出一点面部表情，无论是心情好还是不好，他都不会表现出来。他们在人际关系中比较冷漠，个性比较内向。在整个交流过程中，他们呈现出来的是一张没有表情的脸，甚至，即使是在说谎的时候，他们也面不改色。对于感情正常的人来说，与这样的人交流是

一件痛苦的事情。

面对这样的对手，需要如何应付呢？我们也要掩饰自己的真实表情，以同样的面无表情的一张脸对待他，如此才能使对手无招架之力。

3.表情善变者

有的对手会随着感情的变化而表情多变，时而喜悦，时而遗憾，时而气愤，其内心的感情变化，毫无保留地表现出来，这就是表情善变者。一般而言，表情丰富算是比较积极的心理，但是，对于表情善变者来说，却不是这样。因为，大多数人会习惯性地隐藏自己的某些情绪，像这样毫无顾忌地表现出来，却是另一种心理状态。这样的人大多自私自利，唯我独尊，只要一点点不符合自己的意愿，他们的表情就会大变。面对这样的对手，如果他的表情开始变化，那么，你不妨先认同其想法，适当附和，等其情绪稳定下来之后再慢慢交流意见。

细心观察，判断对手是否在撒谎

一般来说，喜欢说谎的谈判对手都很善于掩饰自己，因为每一个说谎者都希望自己能够成功地欺骗他人，而自己享受那种欺骗成功的喜悦。其实，只要你细心地观察，就会通过对方的言行举止识破谎言。因为，即便是最高明的说谎者，也会出现“百密而有一疏”的情况。通常情况下，说谎者不外乎就是把自己的谎言掩藏在言行举止中，只要掌握一些辨别谎言的技巧，我们就会准确地判断出对方是否在说谎。在日常沟通中，对方往往是将自己的真实内心包裹起来，而呈现在我们面前的是一张虚假的面具，甚至，即使他嘴里说着谎言的

时候，如果我们不仔细观察，也很难察觉。

那么，说谎者经常会用哪些掩饰方式呢？下面我们就简单地介绍几种说谎者常用的方式，以此来洞悉对方话语的虚实。

1.撒谎的人喜欢触摸自己

心理学家发现，那些说谎者在撒谎时会下意识地做一些动作。以掩饰自己的内心，殊不知，谎言却因为这些细微的动作而暴露无遗。当对那些说谎者进行仔细观察之后，我们会发现，他们在撒谎时会有一些身体动作，例如，触摸自己或身上的衣物，掩口，摸鼻子，或者不断地拉扯自己的衣角，等等。

（1）掩口。说谎者为什么会想要捂住自己的嘴巴呢？其实，这是说谎者的大脑潜意识不想他说那些骗人的话而产生的下意识动作，如此细微的举动可谓是“欲盖弥彰”。另外，当我们在谈论某些事情的时候，对方却捂住了嘴巴，这表示他对你所说的并不感兴趣，只是不愿意当面表现出来而已。

（2）摸鼻子。有的说谎者在撒谎时会摸自己的鼻子，有可能他们本来是想捂住自己的嘴巴，但觉得这样的举止不太合适，通常就会在鼻子上摸几下，以此来掩饰自己的捂嘴动作，其目的就是掩饰自己在撒谎。不过，并不是所有摸鼻子的人都在撒谎，一般而言，说谎者触摸鼻子的时间很短，而且力度很轻。

（3）拉扯自己的衣角。通常情况下，人们说谎会引起心理上的不平衡，如此，就会导致交感神经产生微妙变化。在那一瞬间，他们会下意识地拉扯一下自己的衣领或者衣角。这时候，如果你细心地观察，就会发现对方的情绪处于十分紧张的状态，随时都有可能爆发出来。

2.虚假的笑容

心理学家杰弗里·考恩说：“我们可以说出每块肌肉动了多少次，它们停留多长时间才变化的，对方的表现是真实还是伪装的。”真正的微笑，来得快，但消失得慢，因为微笑时牵动了鼻子到嘴角的皱纹，以及眼睛周围的笑纹。而说谎者一般都戴着虚伪的面具，因而，他们脸上所流露出来的笑容往往也是虚假的。在说谎的时候，那虚假的笑容就成了最好的伪装面具。有可能我们的对手在撒谎，那么，我们可以通过对手的笑容来判断其心里的真实想法，因为说谎者脸上所挂的始终是虚假的笑容，他们的笑容没有办法牵动眼部的肌肉。

3.表情的闪现

一般情况下，每个人维持一个正常的表情会有几秒钟的时间，它所呈现在脸上的时间既不会太长也不会太短。而对于一个说谎者来说，在他们伪装的脸上，真实的感情只会停留极短的时间但会把自己伪装的面部表情维持或短或长的时间，一般而言，任何一种表情如果持续的时间超过了5秒钟，大部分都可能是假的。有的人会极力掩饰自己的愤怒表情，他们尽量使自己的表情呈现出一种相对稳定的状态，如面无表情；而有的人则恰好相反，他们会使自己伪装出来的表情长时间出现，如在整个谈判过程中都挂着虚假的笑容。

4.脸色发红

面部是人们最容易暴露的身体部位，它是人们传递情感信息最重要的部分。有的人在说谎时脸色会发红，如果有人将他的谎言识破了，他会显得更加紧张，甚至会面部充血，脸部皮肤呈红色。

当然，那些善于伪装的说谎者除了上面介绍的几种方式外，还有其他一些表现，例如，平时沉默寡言，突然变得口若悬河；在谈话过程中露出惊恐的表

情却强作镇定；说话时闪烁其词，口误比较多；对你所怀疑的问题，过多地一味辩解，装出很诚实的样子；精神恍惚，不敢与你目光接触。在日常交际中，只要你能够细心地观察对方的言行举止，那就很容易判断出对方话语的虚实。

观其言察其行，判定对手的气质特征

何谓气质？从心理学上说，气质就是表现在心理活动的强度、速度、灵活性与指向性等方面的一种稳定的个性特征。其可以表现情绪体验的快慢、强弱。因此，通过气质，我们能够了解一个人的心理活动。当然，气质与我们常说的“脾气”“性格”“性情”是差不多的。不过，在日常交际中，气质更多地表现为人格魅力，如修养、品德、行为举止、待人接物等。不同的人，有不同的气质表现，有的人高雅恬静，有的人温文尔雅，有的人豪放大气，有的人不拘小节。

在日常工作中，我们会接触到不同的客户，而这些不同的客户身上展现出不同的气质特征，如果我们能识别其气质特征，再逐一对应，那对于我们与之建立融洽的谈判关系很有帮助。对此，心理学家分析了许多人的气质特征，并将其分为四种：多血质、黏液质、胆汁质、抑郁质。这四种气质特征都有其鲜明的特征显现，如敏感孤僻的抑郁质，情绪粗狂的胆汁质，等等。在与对手接触的过程中，我们通过观察其言行举止，就可以判定对手属于何种气质特征。

双方的谈判代表进入会客室，王总吩咐服务员将沏好的茶端上来。不一会儿，服务员将热腾腾的茶送进来了，不料，正要放在桌上的时候，却一不留神，脚下一滑，身子一斜，热茶倾泻了出来，有几滴滚烫的茶水洒到了对方谈判代表张总身上。王总身边的小柯想上前帮忙清理，王总却示意他坐着别动，王总想看看那位张总会如何反应。

只见张总用桌上的纸巾擦了擦衣服，面对服务员的连连道歉，他面带笑容，好像什么事情都没发生过，反而关切地问道："小姐，你没事吧，下次可要小心了！"服务员点点头，这时，王总才站起身来："张总，没什么事吧？"张总回答说："只是小事，我们赶紧进入正题吧。"王总心中一动，看张总这样的表现，应该是情绪丰富的多血质，这样的人善于交际，容易适应环境的变化，做事很灵活，不过，内心比较骄傲。有了这样的认识，王总笑了，他知道下面该如何去应付这位谈判对手了。

对服务员无意中的错误，张总始终面带微笑，表现得异常平静，而如此的表现正与情绪丰富的多血质相符。没想到，谈判过程中发生的一件小事，却成为王总识破对手气质特征的突破口。

一般而言，胆汁质的人情绪比较粗狂，多血质的人情绪丰富，黏液质的人情绪贫乏，抑郁质的人多愁善感。那么，面对相同的事情，这四种人会有怎样的表现呢？对此，苏联心理学家进行了研究，以"看戏迟到"为特定情境，发现这四种人的行为表现各不同："胆汁质的人很生气，与检票员争吵了起来，甚至，想推开检票员，冲过检票口，直接跑到自己的座位上，他们一边吵架一边埋怨戏院的钟走得太快；多血质的人看到检票员不让进去，就悄悄地跑到楼上，自己寻找了一个位置来看戏剧表演；黏液质的人心想，反正第一场不怎么好看，还是先到外面待一会儿，等休息的时候再进去；抑郁质的人对此闷闷不乐，头一次来看戏，就这样倒霉，垂头丧气的他干脆回家了。"

其实，这四种人的气质特征都是有迹可循的，有特征供识别的。下面，我们就简单地介绍这四种气质特征，希望你借鉴一二，以此识别不同气质特征的对手。

1.多血质

这类人情感与行为来得比较快，去得也比较快，个性温和，感性大于理性，善于交际，很容易适应新的环境。其语言表达很有感染力，姿态多样，面部表情丰富，个性比较外向。他们聪明机智，思维灵活，不过，对于某些事情，他们不愿意问个清楚、明白。而且，其注意力与兴趣很容易转移，不稳定，做事缺乏毅力。

2.胆汁质

这类人有着较强的反应能力，且反应速度很快。他们在情感与行为上若是有强烈的体验，则会表现得异常明显。他们性格开朗、乐观，待人热情，为人直率，不过，脾气比较暴躁，喜争强好胜，容易意气用事，在冲动之下往往做出一些错误的决定。他们有着较强的精力，往往以最大的热情与精力投入工作中，不过，在工作中偶尔会缺乏耐心。思维多灵活，不过，理解问题多是粗粗略过，不够细。

3.抑郁质

这类人情感与行为反应缓慢，感性大于理性。多愁善感，感情内敛而不外露。喜欢想象，机智聪明，有着敏锐的观察力，能够察觉到别人未能发现的东西。意志力薄弱，胆小怕事，做事优柔寡断，在失败后往往心神难安。对人际交往比较冷漠，个性孤僻。

4.黏液质

这类人情感与行为反应迟钝，缺乏应有的灵活性。情绪稳定，没有太大的

波动，即使心中有情绪，他们也不轻易外露，即使遇到了难过的事情也不动声色，一个人默默承受。其注意力与兴趣比较稳定，难以转移。喜欢思考，有较强的自制力，能够控制自己。平时沉默寡言，办事谨慎细微，不冲动，不鲁莽。不过，适应能力较差，常常活在自己狭小的空间里。

对手视线隐藏着微妙的心理

在谈判中，双方是面对面地谈话，那么，不可避免地，彼此都会有视线的交流与接触。相信，在谈判中，应该没有那种面对面谈话，却完全不看对方眼睛的人。当然，若是一直看着对方的眼睛说话，这也是不太正常的。一般而言，在西方，人们会一直盯着对方的眼睛说话。但对于一向传统内敛的中国人来说，大多数人会在交谈的时候，时而四目相对，时而转移视线。

在交谈过程中，双方都会注意配合对方的气息，许多人都是下意识的动作，而且，在其中，两个人的视线会相碰，偶尔也会躲闪。例如，当对手所说的话令自己很想要表达自己观点与意见的时候，在那一瞬间，便会直视对手的眼睛。对于他人所说的话，不管自己是同意还是反对，如果觉得很有必要将信息传达给对方，那么，一般都是通过视线来传达。如此看来，在谈判过程中，对手的视线其实隐藏其未道出的微妙心理。

谈判桌上，双方的谈判已经进入最后阶段，但对于交货的时间点双方还未达成一致。李先生直视着对手的眼睛，说道："从我们公司目前的状况来看，你们必须在第四季度全部交货，这样才能保证我们公司的正常营运。"对手的视线马上移开了，似乎正在思考该怎么来回应这个问题，不一会儿，他抬头看

了李先生一眼，马上又移开了视线，说道："李先生，我知道你们公司的状况，可是，在第四季度全部交货，确实有些困难。"说完，他视线由下而上，与李先生视线交汇，继续说："我希望李先生能够再宽限一些日子，这样的话，我们会加班加点，如期交货。"

李先生感觉到对手想拖延交货的日期，但又不想失去这笔业务。了解了对手如此微妙的心理之后，李先生直视谈判对手，做了最后的警告："从情况来看，你们在第四季度全部交货确实存在一些困难，但如果你们不能交货，我们工厂的部分车间就会停工待料，造成生产上的损失。这样，我们不得不放弃与你们交易的打算。"对手低下了头，一会儿，迎头接上了李先生的视线，咬牙说："好，在第四季度，我们会如期交货。"

在几番视线躲闪与接触中，李先生识破了对手的微妙心理：很想拖延交货的日期，同时，又不想失去这笔交易。而后者才是谈判的重点，于是，李先生毫不妥协，坚持第四季度全部交货。果然，两次催促下来，对手不得不答应了李先生提出的要求。

视线就是跳动的眼神，眼神流转，其实就是视线在动。在谈判中，我们经常会见到对手直视的视线、完全避开的视线等，下面我们就列举几种常见的眼神动态，以此来剖析对手的微妙心理。

1.完全避开的视线

有的对手在说话时会将自己的视线完全避开，眼睛不敢直视对方。这样的人，大多心中有鬼，有可能在他过去的谈判经历中出现了一些事情，使得他不敢面对比自己更正派的人。但是，偶尔，他也会主动迎上对方的视线，这表明其内心正在做挣扎，心中隐藏着一些东西，但是，又很想证明自己问心无愧。

2.直盯着对方的眼睛

有的对手在说话时直盯着对方的眼睛，不躲，也不避。这样的人有着较强的自信心，可以说他有些任意妄为。他希望自己的表现能给人留下很自信的印象，实际上，他们并不那么自信。当然，如果两个人总是直视对方，那么，谈话的气氛很容易陷入难堪境地。因此，他们大多会在视线接触后不久就转移自己的视线。

3.紧迫逼人的视线

有的对手在看着对方眼睛时并不是温和的，而是紧迫逼人的。这样的人内心有些自卑，总感觉自己比别人差了那么一点点。但是，他们自己却没有意识到这样的心理，他们总是强烈地认为自己是正确的，在表达自己观点的时候，他们会紧迫逼人地看着对方的眼睛，好像在说“我说的是正确的吧！”而如此的视线却令对方闭上自己的嘴巴，同时，还会感受到那威逼的力量。

不经意的小动作，暴露对手的内心

现代心理学的研究证明：一个人不经意间表现出来的小动作能够反映出一个人的真实性情，或者对别人所保持的态度以及意见。在日常谈判中，我们会发现，几乎每个人都有其特别的小动作，而这些不经意表现出来的小动作恰好能直接反映其真实性情。在很多时候，一个人的肢体语言和他们内心想法并不一样，这可以从一些小动作中发现。例如，在日常交流中，对方看起来很认真地在听，但是，在桌子的下面，他的手指却在不停地反复敲击着。这样的小动作表示这个人的真实心理与他的表象是相反的，他一点也没有将心思放在倾听

上，心不知道飞到哪里去了。因此，在生活中，如果我们能仔细观察他人的小动作，那么，我们可以看出其真实的性情。

小白是一个话很多的人，经常逮着机会就与同事大侃起来，也不管对方愿不愿意听。对此，坐在他旁边的小李可就遭殃了，每次小白都会转过身来，兴致勃勃地说些自己碰到的趣事，小李虽说表面不好拒绝，但他总是不安地用笔杆敲打桌面，以此表达自己的意思。小白却是一个马大哈，他不明白小李为什么喜欢敲桌子，不过，他什么也不想，还是自顾自地说话。

有一次，小白碰到了学心理学的朋友。在聊到小动作的时候，小白突然想到了小李，他问道："当一个人总是用笔杆敲打桌面的时候，他心里在想些什么呢？"朋友回答说："这样的小动作，大多表示他对你所讲的话已经感到厌烦了。""啊？"小白恍然大悟，后来，在办公室里，他收敛了自己的个性，不再经常缠着小李说话了。

小白通过向自己学心理学的朋友询问，发现同事的小动作是想告诉自己：我对你所讲的话并不感兴趣。在我们身边，每个人都有那么几个常见的小动作，我们可以通过观察对方的一些小动作来弄清楚他的真实想法。另外，一些心理实验表明，如果你与一个很讨厌的人在一起，只会出现两种相对的反应：一是太随便，根本不在乎对方的想法；二是太拘谨，看起来无所适从，甚至，不知道该把手放在哪里。从两种不同反应，他人可以揣测你的真实性情。

每个人都有心情不好的时候，如果是别人令我们心情不好，我们会表现得更突出，甚至烦躁不安。这些情绪除了通过面部表情及口头语言表现出来以外，还可以通过一些小动作显现出来。下面我们就介绍几种人们常见的小动作。

1.喜欢用嘴咬住一些物品的人

有时候，我们经常会发现有的人喜欢用嘴咬眼镜腿、铅笔或者其他一些物品。这一类型的人喜欢我行我素，不喜欢受人管制。他们做出这样的动作，是想掩饰自己恶劣的情绪，不想让别人知道。在这种情况下，你千万不要上前搭话，以免加重其恶劣的情绪。但在有时候，这样的小动作也无法克制他内心的不满情绪，他们的情绪有可能会进一步恶化，甚至突然之间爆发出来。

2.习惯用手拢头发的人

有的人喜欢用指尖拢头发、轻搔面部，或是把食指放在嘴唇上。这一类的人性格比较开朗、乐观，虽然在面对生活或工作中的困难时也会出现失望、沮丧的心情，但是他们能在最短时间内调整好自己的心态，坦然面对这一切，并致力于寻找解决问题的办法。

如果有人在你面前做出这样的小动作，那就表明他对你的谈话没有多大的兴趣，显得有点左顾右盼、漫不经心。他们或许正在思考自己的问题，并且认为你是在打扰他，但他们会碍于情面而不表露出来。

3.喜欢两手互相摩擦的人

有的人习惯两手不停地摩擦。这一类型的人对自己充满了信心，喜欢挑战自我，并且在成功的路上敢于承担一定的风险。一旦他们决定去做某件事情，就会一直坚持下去，而不会轻易改变主意和行动方向，所以他们在某些时候显得比较固执。而他们通常出现这种情况的时候，就是烦躁不安、心情郁闷的时候。

4.习惯用手抚摸下巴的人

有的人习惯用手抚摸下巴或者抓着下巴。做出这样小动作的人大多比较世故圆滑，有较深的城府。他们这样不断地抚摸下巴只是想使自己镇静下来，克

制自己内心的不满情绪，以免因自己冲动做出什么不妥的举动来，同时，他也在思考下一步的对策。

5.喜欢咬牙切齿

有的人在烦躁不安的时候喜欢咬牙切齿，这一类型的人情绪变化无常，显得很不稳定。他们的心胸不是很宽广，喜欢意气用事，其理智无法把握感情。

第4章

正确运用肢体语言，为谈判增色

在日常谈判中，肢体语言对促进谈判的顺利进行起着十分重要的作用。在谈判开局、中途、结束过程中，肢体语言都可以贯穿其中，配合言语以达到完美的效果，还可以拉近谈判双方的距离，增强谈判说服力的作用。

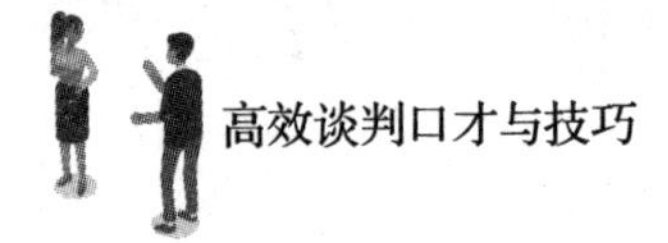

手势恰如人体的一种语言

两千多年前，一位古罗马的政治家、雄辩家说过：“一切心理活动都伴随着指手画脚等动作。双目传神的面部表情尤其丰富，手势恰如人体的一种语言，这种语言甚至连最野蛮的人都能理解。”当众说话，我们经常使用的就是手势语言了。手势是体态语言的主要形式，使用频率最高。寓意深刻、优美得体的手势动作常常能产生极大的魅力，激发听众的热情，加深听众对说话内容的理解，促使说话的成功。

手势动作只有在与口语表达密切配合时，其所表达出来的意义才是最生动形象的。随着说话的内容、自身的情感以及表现状态，说话者的手势会自然而然地表现出来。手势应该与有声语言、面部表情、身体姿态紧密配合，保持一致，千万不能硬生生地刻意摆弄手势。假如在说话时手势泛滥会让听众眼花缭乱，颇有哗众取宠之嫌。当然，如果你说话完全不使用手势，只是把双手摆在固定的位置，无疑显得呆板、缺乏活力。

说话的手势千变万化，没有一个固定的模式。作为一个出色的说话者，平时要认真观察生活，刻苦训练，并且付诸实践。这里列举一些常见的手势：拇指式，竖起大拇指，其余四指自然弯曲，表示强大、肯定、赞美、第一等意思；手切式，五指并拢，手掌挺直，表示果断、坚决、排除之意；手包式，五指相夹相触，指尖向上，用于强调主题和重点，也表示探讨之意；食指式，食指伸出，其余四指弯曲并拢，常表示“1”；食指、中指并用式，食指、中指伸直分开，其余三指弯曲，表示胜利，英国前首相丘吉尔就经常使用这样的手

势。当然，诸如此类的手势还有很多很多，这里就不一一列举了。

当众说话，自然而安稳的手势，可以帮助说话者平静地说明问题；急剧而有力的手势，可以帮助说话者升华感情；含蓄的手势，可以帮助说话者表达内心的想法。如下是运用手势的几个原则。

1.表达感情的手势

随着感情的变化，手势也发生明显的变化，这是一种抽象感情很强的手势，在演讲中运用频率最高。例如，兴奋时拍手称快，恼怒时挥舞拳头，急躁时双手相搓，果断时猛力砍下。

2.惯用手势

大多数人在说话的时候，都有一些自己独有的惯用手势，手势的含义不明确、不固定，随着说话内容的不同而体现不同的含义。例如，孙中山先生说话时常常拄着手杖，形成了他独特的形象。当然，说话手势需自然、协调、精简、富于变化、前后统一。

3.模拟手势

模拟手势的特点是“求神似，不求形似”，因此有一定的夸张色彩。它可以是在说话过程中，提及某件物品而用手势把此物模拟出来，这样的手势信息含量很大，从而升华了语言表达形式。

4.指示性手势

指示性手势是用来揭示具体真实形象的，分为实指和虚指两大类。实指是说话者的手势确指，它所指的人或事或方向均是在场的人视线所及的；虚指是指说话者和听众不能看到的。指示性手势比较简单，不带感情色彩，比较容易做出。

恰当的面部表情可强化口语表达

《左传》曰："人心之不同，如其面焉。"意思是人的心思像人的面貌一样，各不相同。表情神色也就是我们常说的面部表情，一个人的内心活动、想说什么，是可以通过神色来表达的。当众说话时要求说话者面部表情自然真切，不要表露太夸张的表情神色，否则就是特意的表演、让听众生厌的行为。一个人的面部表情十分丰富，许多细微复杂的情感都可以通过面部表情来表达，而且还能辅助口语增强表达效果。说话者要善于观察面部表情的各种细微差别，而且要善于灵活地驾驭自己的面部表情，让面部表情可以更有效地辅助以及强化口语表达。当然，我们运用面部表情时需要真实自然，喜怒哀乐都需要随着说话内容以及思想感情的发展而自然流露。千万不能"逢场作戏"、过分夸张，甚至矫揉造作，否则只会让听众感觉虚伪滑稽。当然，表情神色不能太夸张，并不意味着不能使用表情，若带着一张面无表情的脸走上讲台，如此冷若冰霜，只会让人感到枯燥压抑。

美国著名教育家卡耐基在谈到罗斯福演讲时，他这样说道："他全身好像一架表现感情的机器，他满脸都是动人的感情，这样使他的演讲更有力、更勇敢、更活跃。"在说话时微笑与平和是脸部表情的核心，运用脸部表情时要适时、适事、适情、适度，切忌呆滞麻木、情不由衷、晦涩不明与矫揉造作。

普通话课上，老师为了让同学们学习"演讲时的自然神态"，特意找了两个同学发表即兴演讲。

第一个同学是小李，他平时是一位擅长搞笑的人物，总时不时地给同学们带来一些故事或者笑话。现在被老师点名了，小李觉得展现自己才艺的时刻又到了，他绘声绘色地讲了一个笑话，但或许是笑话本身太好笑，也或许是小李

自己在做戏，他一边说着自己也忍不住笑了起来，实在忍不住了，他竟然不顾现场的老师和同学，趴在桌子上大笑，而那些没听清楚小李到底说什么的同学则面面相觑。

第二个上台演讲的是小张，他是一位相当木讷的男生，平时就不苟言笑，曾经有人讲了一个很搞笑的笑话给他听，他只是略微牵动了一下嘴角。对于老师的点名，小张有些紧张，他结结巴巴地讲了自己的理想，但整个过程就好像白开水一样平淡，没笑容，没手势，面无表情，就好像他在讲述别人的故事一般。

案例中的两个同学无疑是两个极端的例子，一个表情太夸张，一个表情太木讷。而这两种现象都是需要我们避免的。说话者的面部表情与口语表达要协调一致，如此才能准确地反映出自己内心的思想感情，换句话说，面部表情和有声语言的表情达意应该同步进行。当然，为了有效传递信息、交流情感，要尽量避免使用消极的表情，否则会在听众中产生不良影响，形成离心效应。

在使用面部表情时需要注意以下几个问题。

1.面带微笑

曾在美国哈佛大学担任校长30年之久的叶洛特博士说：“微笑是人际交往成功的催化剂。”微笑是自信的标志、礼貌的象征、涵养的外化、情感的体现。在演讲中可以象征性格开朗与温和，可以营造融洽气氛，消除听众抵触情绪，可以激发感情、缓解矛盾。

2.切忌使用消极的面部表情

说话者的面部表情以及神态对听众的情绪有着很大的影响，所以不要使用这样一些消极的面部表情，例如，傲慢的表情，会伤害到听众的自尊心；慌忙的表情，会让听众无法信任你；无所谓的表情，会给听众一种消极的感觉；冷

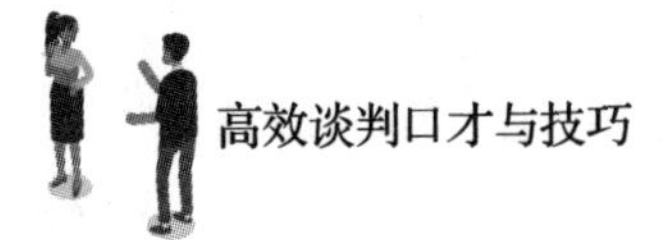

漠的表情，会让听众感到不亲切；卑微的表情，会让听众低估你的能力。

3.用你的表情及神色调节气氛

真切自然的面部表情可以为有效沟通提供一种渠道，所以，千万不要让当众说话带来的紧张压力把你的脸变成一张面无表情的扑克脸。通常面部表情的变化先于说话预报了气氛或心情的转换。当你说到“但更为严重的是……”你可以采用一种更为高明的过渡，那就是：用一副忧心忡忡的皱眉蹙额的表情取代原本欢欣愉快的面容。

眼神传递超过一切语言表达

我们常说：“眼睛是心灵的窗户。”一个人的内心世界到底是什么样子，可以通过眼睛这个窗户透露出来。说话者站在讲台上，用不着开口说话就能够凭着眼神传递出内心的情感。而听众也不一定需要听说话者说些什么才能获取其中的信息，有时候只需要关注说话者的眼神，就可以了解其内心想法，知道他想要表达什么样的想法。可以毫不夸张地说，眼神所能传达出来的感情，往往会超过有声语言所表达的含义。也因为如此，我们才会有“会说话的眼睛”的说法。既然眼神有如此大的作用，那么在公开场合说话时更需要充分发挥出眼神的作用来。

说话者在运用口语传递信息的同时，自然要通过自己的眼神，把内心的激情、学识、品德、情操、审美情趣等传递给听众。眼神变化要与说话内容的发展和自己情绪的变化相协调，要注意眼神运用的多样性，准确地表情达意，给人以胸怀坦荡的感觉。

在说话时，不同的眼神给人以不同的印象。眼神清澈坚定，让人感到率直、善良、天真；眼神狡黠奸诈，给人以虚伪、刁钻之感；左顾右盼，显得心慌意乱；翘首仰视，显得凝思高傲；低头俯视，显得胆怯、害羞。眼神会透露人的内心真意和隐秘，眼睛能自如地传递心灵的信息，反映人的喜怒哀乐。人们的思想感情常常通过眼神自然流露出来，而眼神配合口语，就能表达出丰富多彩的思想感情。因为人的眼睛有上百条神经连接大脑，它们是大脑获得信息的重要渠道，同时受到大脑中枢神经的控制。

事实上，无论使用哪种眼神，都是为了表达一定的思想内容和感情，绝不可漫无目的地故弄玄虚。在运用眼神时，还应当表现出信心和活力，显示出风度。在公开场合说话时说话者需要保持视线的目标在正前方，炯炯有神地面对听众，并且不断地兼顾全场，了解听众的反应。也就是要把目光注视前方与多方位观察巧妙地结合起来，全方位地观察听众。要做到全方位地观察听众，就需要学会运用眼神的三种技法。

1.注视一部分听众

这种方法就是有目的、有针对性地重点注视局部听众。运用这种方法可赞扬和感谢那些专心致志的热心听众；引导和启发那些有疑问和感到困惑的听众；支持和鼓励那些想询问的听众；制止那些影响现场秩序的听众，使其收敛，达到控制现场的目的。

运用这种方法针对性较强，目光含义要明确，但是要适可而止，避免与听众目光长时间直接接触，以免使被注视的听众局促不安，或者使其他听众受冷落。

2.全方位地注视听众

这种方法是目光有节奏或周期性地环视全场，主要在于掌握整个说话现场动态，照顾全场，统率全局。运用这种方法，可使全场听众产生亲近感。但必须注意，一定要照顾全局，不可忽视任何角落的听众。同时，头部摆动幅度不宜过大，眼珠不可肆意乱转。

3.远远地注视着听众

这种方法就是目光似盯未盯地望着听众。运用这种方法可显示出说话者端庄大方的神态，可引导听众进入描述的意境之中，还可烘托气氛。但应注意使用不可频繁，以免给人以傲慢的感觉。

谈判中的正确坐姿

现实生活中，人们已经习惯从头部、脸部和手部等这些容易看见的部位来判断交谈对方的心理活动，来察看对方对自己是赞同还是反对；相反，对于那些我们视线之外的部位，我们常常会忽视，例如，双腿和双脚。可能你也发现，与人面对面坐着交谈时，对方可能偶尔会摆出双腿交叉的动作，这是习惯性坐姿还是产生了心理变化?

一家餐厅有这样一个场景：一对相亲的男女正在聊天，男士正在侃侃而谈，情绪高昂，女士也频频微笑点头，乍一看，你会以为这是一次成功的会面，他们也必定会有下文，但只要你稍作留心，你会发现，女士的坐姿：她双腿交叉，身体略微向后倾，而脚尖正指向最近的一个出口。由这个姿势我们就可以明白，女士对这场谈话没有兴趣，内心深处有逃跑的打算。

在与人面对面交谈时，如果你发现对方的双腿和双臂同时处于交叉状态，那么，你可以判断的是，他的注意力已经不在你们的谈话上，甚至他的心思已

经飞向远处，为了不让你感到尴尬，对于你说话的内容，他会给出敷衍式的回答，如“是”或者“不是”等词汇。这时要想让对方对你的观点表示真正认同是非常困难的。

再如，出席一个晚宴时，你发现，在大厅的角落里站着一个人，他双腿交叉，同时，还抱着双臂，这告诉你，这个人思想非常保守，对人戒备心很强。这时，跟对方很顺利地展开话题是非常困难的，你必须从消除对方的戒备心开始，而且要做好打持久战的准备。

另外，相对于女性来说，男性更喜欢双腿交叉这个坐姿，甚至有一些男性并非将一条腿轻松地搭在另一条腿上，他们更习惯将一只脚踝放在另一条腿的膝盖上，两条腿形成“4”字形状。这种坐姿代表了对方争辩或者争取获胜的态度。因为这个坐姿可以凸显男士的生殖器，因此被看成一种示威姿态，猴子和黑猩猩在产生斗争心理时，也会用这种坐姿来展现自己的生殖器，从而传达出自己的“威力”。

女士比男士更在意自己的形象，双腿交叉的坐姿并不雅，也不符合礼仪规范，所以做出这个姿势的大多是男士。男士在摆出这个姿势时，不仅能体现自信和支配地位，同时也会显得放松和年轻。

但是要注意的是，在和长辈或者领导交谈时，我们千万不要摆出这种姿势，因为这会让他们感受到你的不敬。

如果一个人做出“4字腿”坐姿的同时，还用一只手抓住抬起的那条腿，那就表示这个人非常有主见，甚至可以说有主见得过了头，达到了固执的地步。对于这些人，不要轻易尝试去说服他们，你的努力往往是白费的。

当然，女士双腿交叉，除了心理活动外，还有可能是其他原因，例如，女士经常穿短裙。双腿交叉是她们下意识地保护自己的举动。女士的这种爱好是由于穿短裙养成的习惯，我们可以称其为“短裙综合征”。这样交叉双腿的动作让女士看起来比较拘谨，这或多或少会让交往对象觉得无所适从，因此，一定程度上我们认为，穿短裙让女人看起来更难以接近。对于女性来说，最有气质的姿势是将两条腿以随意的方式摆放，然后将两腿斜向一边，两腿保持平行，女士要想保持优雅的仪态，应当学会做这个姿势。

双腿交叉跟双臂交叉一样，是表示排斥的意思。如果你的交谈对象的双臂和双腿同时处于交叉的姿势，他的排斥意思显然已经相当明显了。

喜怒不形于色，占据心理优势

在谈判中，最忌讳的事情是谈判者慌乱、狂躁不安，自乱阵脚，言语过激，以至于语无伦次，漏洞百出。虽然这样发泄了心中的怨气，但却恰恰给了对方以可乘之机，同时也让自己陷入被动位置。因此，哪怕谈判形势危急，也需要控制好自己的情绪，喜怒不形于色，占据心理优势，积极寻找对策，伺机反击。谈判中常常会出现一些争执，这是极为正常的，但谈判并不是吵架，不是你将对方骂倒，你就赢得了所有的胜利。如果对手用侮辱性的语言激怒了你，而你火冒三丈，出言不逊，那你的处境将由主动变为被动，这样你就只能被对手牵着鼻子走了。

大多数的谈判者都是从一些虚假的数字开始的，双方希望谈判朝着对自己有利的方向发展。在某种程度上，利己就是损他，针锋相对是没办法避免的，不过，针锋相对，就意味着双方情绪的直接较量，这个较量包含两个方面：对自己情绪的控制，让自己不受眼前问题的太多影响；判断对方的情绪变化，从

而判断对方的底线和接受程度。

实际上，关于控制情绪策略这点，我们还可以在谈判过程中遇到无法摆脱的困境或其他必要的情况时，借助突如其来的情绪宣泄，达到震住对方，促使其妥协的目的。例如，某些人在谈判中，经常无理地将文件扔在一旁，径直从会议中离席而去，甚至还会做出一些人身攻击的无理举动，而所有这类举动都是激怒对方的手段。

那么，在谈判中，如何利用情绪策略，占据心理优势呢？

1.巧妙控制自己的情绪

在谈判中控制情绪最简单的方法就是适当沉默，或者整理自己面前的文件，或是喝一口茶，或是看看手表，或是留一些时间来思考对策。

2.镇定地对待对方的言语刺激

有时对方为了让我方阵脚大乱，故意说一些侮辱性的语言。对方情绪越是激动，我们越是要镇定自若，牢牢地把握谈判中的主导权。

3.保持冷静

谈判者应该注意保持冷静、清醒的头脑。保持清醒的头脑就是保持自己敏锐的观察力、理智的思辨能力和言语行为的调控能力。一旦发现自己心绪不宁、思路不清、反应迟钝，就应提出暂停谈判，通过休息、内部相互交换意见等办法让自己能够恢复到良好的状态。

4.保持正确的谈判动机

谈判者要始终保持正确的谈判动机，商务谈判是以商务利益为目标的，而不是追求虚荣心的满足或其他个人实现，需要防止在对方的讽刺、奚落或赞美中迷失方向。

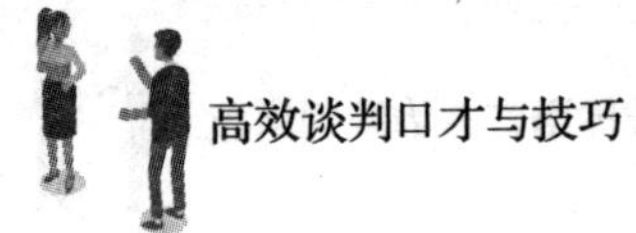

5.对事不对人

谈判者在谈判过程中，需要将人和事分开，处理问题遵循实事求是的客观标准，避免被谈判对手真真假假、虚虚实实的手腕所迷惑，从而对谈判失去原本拥有的判断力。

第5章

说服需要循序渐进，稳得住才能赢得漂亮

在谈判过程中，我们总是在企图说服别人，说服别人理解自己，接受自己的意见或建议。但在说服过程中，我们不要太急功近利，毕竟说服是需要循序渐进的，只要你稳得住，最后才能赢得漂亮。

说服对手，你需要足够的耐心

说服他人是一个长期的过程，很少有人因为别人的三言两语就改变了想法。因此，说服工作要有足够的耐心，要循序渐进、层层递进，而不要急功近利，引起他人产生防备心理。一旦他人关闭心门，你就很难再赢得他人的信任和尊重，也就无法再次顺利展开说服工作了。

人与动物最本质的区别在于人是有思想有意识的。一个人要作为独立的个体存在，首先要有独立思考和做出选择的能力。因此，当你面对桀骜不驯、冥顽不化的说服对象时，千万不要盲目抱怨，因为你面对的是人，而不是对一切说服都言听计从的任何其他物种。何况，就算是动物也需要驯化呢！

一个人的观念转化要经过漫长的过程，这是因为每个人的认知都是不同的。这也就决定了我们在说服他人时，需要进行庞杂的工作，而不仅仅是三言两语的道理灌输。说服，往往是从交谈开始，因为语言是最直接的表达。然而，语言却不是最快速和最卓有成效的。语言，只能起到沟通的作用。要想真正从心里打动说服对象，必须动之以情，晓之以理。

首先，我们要了解对方的想法。每个人在做决定之前，一定是有初衷的，这也是他想法形成的原因。我们只有了解他是怎么想的，才能有针对性地进行说服工作。很多人在做说服工作时总是滔滔不绝地说，根本不去倾听对方的想法，这是说服工作失败的主要原因之一。

其次，接受对方的想法。也许有人会说，这说服工作是不是黑白颠倒了呀，明明是我让他接受我的想法，这会儿怎么就变成我接受他的想法了呢？没

错，说服就是要接受对方的想法。试想，如果你和他人交谈，刚开始就被他人批驳得体无完肤，你还愿意继续听对方说下去吗，你还容易被他人说服吗？相反，如果对方一开始就对你的想法表示认可和理解，你是否就没有那么强烈的排斥和抵触心理了呢？在接受对方的想法之后，你的说服工作才能进入实质性的一步。

最后，让对方了解你的想法和说服的内容。和说服对方一样，你的想法也是有原因才形成的，你应该表达自己的初衷，表现自己的诚意，然后再阐述自己的说服内容。这样一来，层层推进，你的说服工作才有可能成功。当然，说服工作肯定不会一帆风顺，否则也就不叫说服工作了。在说服过程中不管遇到什么困难，我们都应该坚持不懈、持之以恒，以足够的耐心坚持到说服任务圆满完成。这才是最后的胜利。

有个农村的小伙子，独自一人来到繁华的大都市。他走进一家商场，想要应聘成为销售员。商场经理问他："你以前做过销售吗？"小伙子点点头，说："我曾经挑着担子沿街叫卖。"商场经理觉得他很机灵，因此答应他留下来试一试。他对小伙子说："你明天就来上班吧，不过，我下班时会过去看看你的表现。"

对于这个习惯了走街串巷的小伙子来说，一天的时间显然太难熬了。尽管如此，他依然如坐针毡地等到了6点，这个时候商场经理如约而至。他问小伙子："你今天做成交易了吗？"小伙子点点头，说："做了一笔。""一笔？"商场经理很失望，说，"其他人每天都能做二三十笔生意。那么，你这笔生意金额多少？"小伙子老老实实地回答："36万美元。"商场经理显然被惊呆了，问："36万美元？你是如何做到的呢？"小伙子娓娓道来："有位男士为他妻子买发卡，我问他'周末天气这么好，你有什么打算吗？'他说想去钓鱼，我就依次卖给他小中大号的钓钩，还给他配备了相应的钓线。后来，我告诉他必须去深海才能调到大鱼，景色也更好，乘坐船在大海中间漂荡，会是一个特别的周末。因此，他又从我这里买了一艘船。但是，他觉得他的车无法拖动这艘船，因此，我又帮他选购了一辆新型的SUV，便于他把这艘船拖回家，放进海里。” 商场经理简直觉得难以置信，问：“一个给妻子买发卡的男士，你竟然让他在这里成交了36万美元的一系列订单。”小伙子不以为然地说：“这没什么，走街串巷时我经常这么干。其实，人们需要很多东西，也乐于添置很多东西。”

这样的说服工作简直登峰造极，从发卡到船，再到新款汽车，这还不算那些零七碎八的小东西。每个看到这个故事的人，无一不被小伙子超强的说服能力折服。实际上，这个小伙子采取的正是层层推进的说服方法。试想，如果面对一个准备买发卡的客户，他上来就让对方买一艘船，再买一辆车，一定会被认为脑子有毛病。然而，他的说服工作展开于无形之中，把顾客的很多需求都剥离出来，让其产生满足自身需求的冲动，最终达成交易。

当然，我们未必会成为这么伟大的推销员。然而，我们的生活和工作依然与说服有着密不可分的关系。不管是面对需要说服的亲人、朋友、同事，还是面对一个陌生人，成熟的说服技巧都将给我们带来极大的便利。如果我们每个人都能水到渠成地说服他人，就一定能够创造属于自己的辉煌人生。

归谬理论，让对手理屈词穷

谬，就是错误。所谓归谬，就是彰显错误，让对方自觉理屈词穷。很多时

候，如果我们想要说服他人，往往会采取据理力争的方式。尽管说得口干舌燥，但是对方却不为所动，依然固执己见。在这种情况下，非但说服陷入僵局，气氛紧张，而且双方剑拔弩张，似乎弥漫着硝烟。显然，谁也不想让原本和谐的说服工作陷入僵局，甚至反目成仇。既然如此，我们不如换一种方式，找到更好的办法说服对方。

思维是双向的，既有正向思维，也有反向思维。当一个人滔滔不绝地讲一些大道理，或者苦口婆心地说些打动人心的话，试图说服他人，这样的说服显然是以正向思维为导向。遗憾的是，很多时候正向思维下的说服并不能起到预期的效果，甚至说服对象还会因为逆反心理，导致事与愿违。在这种情况下，我们不如换一个角度思考问题，采取反向思维，用逆推的方式解决问题。这就像是解数学题，正向思维是根据已知条件寻找答案，反向思维是根据答案寻找已知条件。那么，采取逆向思维时，我们就没有必要千方百计地向说服对象灌输我们的大道理，而可以反其道行之，试着验证他所坚持的是错的。这样一来，他自然就会主动改变自己，接受你的正确思路。这就是归谬说服的关键所在。

从某种意义上来说，归谬说理可以采取幽默的方式，以设置悬念的方式进行。进行这种说服，要掌握幽默的技巧。首先让对方在轻松愉悦的氛围中，不知不觉地进入你的思维轨迹，然后再话锋一转，来个脑筋急转弯，让对方意识到这恰恰证明了他的错误。最后，你画龙点睛，说出正确的见解，由此博得对方坦然一笑，心甘情愿地就接受了你的观点，获得皆大欢喜的结果。这样的说服除了效果很好之外，氛围也特别好。没有剑拔弩张，没有针锋相对，只有欢笑和智慧，让人在捧腹之余，不由得恍然大悟。生活中，有很多情况都可以使用归谬说理。尤其是当我们面对的说服对象非常固执，甚至钻进了牛角尖，无

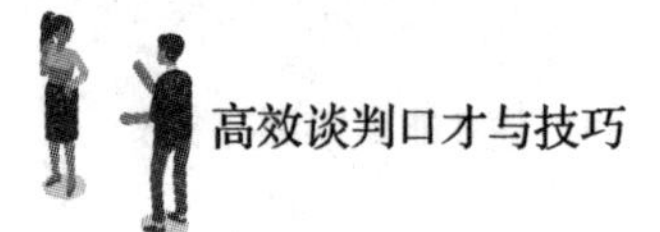

法正面疏通时，归谬说理的效果非常棒。

很久以前，有个美国商人去法国拓展香烟生意。在一次展销会上，美国商人尽力推销自己的香烟，并且夸夸其谈，向拥挤的人群列举了抽烟的无数好处。这时，有个老者突然走出人群，站到美国商人身边，对大家说："亲爱的朋友们，抽烟的确有很多好处。不过，这位先生少数了三条好处，下面让我来为大家一一道来。"美国商人听到老者要说抽烟的好处，而且是他遗漏的，不由得激动万分，说："对对对，大家都听听。这位老人德高望重，一看就学识渊博，一定懂得比我们更多。"

老者清了清嗓子，说："首先，如果你害怕被狗咬，那么你一定要抽烟。"人群中发出笑声，美国商人暗自窃喜，觉得自己今天一定能卖出去很多的香烟。老者继续说："其次，如果你抽烟，就连小偷也不敢光顾你们的家。最后，抽烟者都很年轻，你几乎看不到抽烟的人有非常老的。"人群中议论纷纷，大家都想不明白老者说的是什么意思。这时，商人笑着请求老者："老人家，您说的这三条好处真的非常神奇，请您给我们解释吧，我们都才疏学浅。"老者不慌不忙地说："小狗不咬抽烟的人，因为抽烟的人大多数都有肺病，不是咳嗽就是气喘，总是弯腰捂着胸口。聪明的小狗还以为抽烟的人要捡起地上的石块打它们，所以跑得飞快。小偷从来不敢去抽烟的人家里偷东西，因为抽烟的人彻夜咳嗽，小偷以为他是醒着的。"这时，台下的人群哄笑起来，美国商人冷汗直冒，恨不得马上阻止老者继续说下去。但是，显然已经晚了。老者继续说："抽烟的人中从来不见老人，因为如果一个人从年轻时开始抽烟，还没到老就一命呜呼了，怎么可能老呢！"说完，老者走下台，头也不回地离开了。人群就像炸开了锅，原本买了香烟的，也都生气地扔到美国商人的身上。

事例中的这位老者，运用了归谬说服的方法，劝说众人不要抽烟。当然，因为美国商人此前已经说了抽烟的很多好处，所以老者并没有与其针锋相对，而是以隐晦的方式，先说了抽烟的“好处”，接着又解释这些好处对人体的伤害多么严重，最终让人主动意识到抽烟有百害而无一利。

通常情况下，人们已经听厌了抽烟的危害。因此，当老者也开始说抽烟的好处时，人们感到非常好奇，想一听究竟。这时，老者有充足的时间缓缓道来，披露香烟对人体的巨大危害。直到最后发现真相，美国商人虽然懊悔不已，但是为时已晚。老者的方式让人在欢笑之余，不由得深刻反省。如果你们也想说服他人，且对方非常固执己见，不如也采取这样的方法，不但让人耳目一新，而且效果显著！

转移对手视线，巧妙换个角度应战

生活中，人与人交往，难免有意见不合的时候，此时，我们必定想说服对方，但彼此都有一种防范心理，此时，我们若不希望彼此之间产生心理隔阂而影响彼此关系，就不能针尖对麦芒地与之争辩。毕竟没有人喜欢咄咄逼人的人。如果你在人际交往中凡事都要与人针锋相对，那么，在长时间的矛盾累积中，对方只会离你而去。那么，你很可能会产生疑问，观点不一或者出现矛盾时该怎么做呢？对此，你完全可以采取转移对方视线、巧妙应战的方法。

有一对夫妻就是这样对话的：

有一个妻子准备为丈夫买一件衣服，但是又怕丈夫不同意。就对丈夫说：“咱们的女儿就快要举行开学典礼了，可是孩子的衣服大部分都旧了，是不是

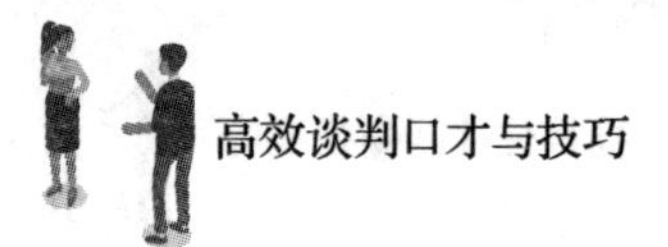

应该去服装店里买上几件呀？”

丈夫听了之后，觉得妻子的话讲得句句在理，就很爽快地答应了，说：“开学典礼不是一件小事，咱们应该好好对待。孩子穿什么样的衣服由你决定好了。”

妻子又说：“你还是没有听明白我的意思，我说的并不仅是孩子的问题。”

“不就是女儿参加开学典礼的衣服吗？这个事你自己决定不就是了吗？”

“我知道。但是，孩子的开学典礼我也必须参加，我总该为自己准备一件衣服吧？你还是帮我参考一下吧。”

丈夫显得有些不耐烦了：“你自己穿什么衣服还用问我吗，自己决定不就行了？”

妻子解释说：“我整天在家里待着，几乎忘记了怎么样选择衣服。你还是帮我去看看哪一件合身吧。”

“哎，真拿你没办法，好吧！”丈夫不情愿地陪妻子来到衣橱前。

妻子一边挑选一边说：“哪一件好看呢？虽然衣服不少，但好像全部都过时了，你不觉得这些衣服的样式都太老气了吗？”

“是吗？我怎么不觉得？”丈夫敷衍着说。

“你看嘛，这件虽然是去年才买的，而且颜色、式样都不错，但现在已没人穿这种衣服了。再说这一件吧，这是去年秋天买的，现在已经不流行这种款式了！难道你没有发觉吗？”妻子问道。

“嗯，听你这么一说，我好像也觉得过时了。”

“那么，在给孩子买衣服的时候也该给我置办一件了，你说是吗？”

“你说我再买一件好吗？再买一件……”

“真拿你没办法，你自己决定好了。”丈夫表示同意。

妻子就乘胜追击，对丈夫说：“其实你也该打扮打扮了，经常穿着一件衣服，显得很没面子。这次我还是帮你买一件衬衫吧！”

在日常生活中，总有一些不好直接提出来的话题，在这个时候我们就需要暂时地抛开这些话题，从另外的角度谈起，在双方进行交谈的时候，想办法一步步地朝着你想要的内容去过渡。有了一个缓冲带之后，对方就会比较容易接受一些平时比较敏感的话题，和你进行愉快的交谈。

相反，说服他人，如果我们与之针锋相对，只会增加对方反感和排斥的心理，反而不如巧妙地转移对方的视线，从另外一个角度强有力地说明事实真相。由此可见，看上去需要我们花费精力的迂回道路，实际上却是最短的途径。在说服他人的过程中，假如遇到正面的阻碍，最好的办法就是绕而言之，曲径通幽。

对此，我们可以从以下两个方面努力。

1.先认可对方

一旦有人对自己的想法或行为表示了认同，那我们就会降低防备心理。于是，在这样的情况下，聪明的人往往会利用这一点，他们先是认同他人的看法，然后表达出自己的见解，最后使别人心甘情愿地将情感的天平倾向了自己这一边。

2.逐步渗透，影响对方

这并不是消极地耗费时间，也不是硬和人家耍无赖，而是要善于采取积极的行动影响对方、感化对方，促进事态向好的方向转化。当然，此时就考验我们的口才了，要善解人意，抓住问题的症结，巧用语言攻心。

实际上，在交际中，让对方认同自己的绝妙途径是先认同对方。如果你首先就对其想法和行为进行否定，或者拒绝倾听其说话，那对方的逆反心理就会涌现出来，他会故意与你作对，根本不愿意按照我们的思维方式进行思考。但如果你先对其表示认可，说“你的话有一定的道理”“你这件事做得不错”，通过语言分析强化对方想法的正确性，站在对方的角度，然后进行积极引导，这样是可以成功地将对方争取到自己这边来的。

有的放矢，利用对手的逆反心理

逆反心理是一种常见的心理现象，自尊心较强、有独立个性的人逆反心理尤甚。在生活中，人们常常为了维护尊严，故意违背他人的意愿，采取与他人意愿完全相反的态度言行。这就是逆反心理的表现。在一个人生长发育的过程中，逆反心理最早出现在幼儿时期，紧接着在青春期达到逆反的巅峰。很多青春期孩子的父母都表示非常烦恼，因为他们突然之间就不知道哪里错了，孩子时时处处与他们作对。的确，在父母心里，孩子的逆反就是作对的表现。因为这样的误解，父母与青春期孩子的相处总是状况百出。倘若能够正确了解逆反心理是孩子青春期心理的一种特性，那么父母也就不会这样犹如大敌当前，总是神经紧张了。其实，逆反心理是很常见的，很多成人也会时常爆发逆反心理，喜欢与人对着干。只要正确疏导，切勿矫枉过正，青少年就会顺利度过叛逆期，逐渐回归常态。

在和孩子斗智斗勇的过程中，父母的说服技巧也越来越高强。对于处于叛逆期的孩子，聪明的父母也常常反向利用逆反心理，从而达到自己的目的。当然，举一反三，逆反心理也是可以用于说服成人的。总而言之，只要运用得当，逆反心理就会成为我们说服他人的杀手锏，尤其是针对逆反心理比较强的

说服对象，很容易就会配合我们达到说服的目的。当然，运用这种方法必须小心，不能被说服对象识破，否则会失效。尤其注意不可常用，才能保持效果。

近来，正在读初二的明明进入叛逆期。不管老师或者爸爸妈妈说什么，他总是不由分说地和他们对着干。而且，他有青春期的焦虑，非常反感这些师长给他做思想工作。此时的明明，简直自以为是宇宙的中心，这让老师和爸爸妈妈都非常头疼。

这不，学校最近在报课外班。原本，妈妈想让眼睛有些近视的明明报名参加乒乓球班，一则可以强身健体，二则也可以利用课余时间休息眼睛。然而，妈妈很清楚，一旦由她提议报名乒乓球班，明明一定会唱反调，强烈反对。思来想去，妈妈决定采取策略，让明明乖乖地报名参加乒乓球兴趣班。

这天吃完晚饭，妈妈装作漫不经心地说："明明，听说你们学校最近在报名兴趣班啊？""是啊，你可别想安排我什么。"明明非常敏感，马上像只好斗的公鸡一样，竖起了鸡冠子，处于戒备状态。妈妈笑着说："妈妈当然不管，妈妈只是建议。我觉得你英语不太好，不如报名参加英语角吧，这样还能提高英语的口语能力呢！"说完，妈妈看着明明脸上有了愠怒的神色，马上接着说："这可比那个什么乒乓球班好多了，蹦蹦跳跳的，也学不到东西，还有可能摔倒受伤呢！"明明一声不吭，自顾自走了。

果然，第二天放学，明明把兴趣班报名表拿回家了，上面赫然填写着"乒乓球"的字样。妈妈心里暗暗窃喜，嘴上却说："你这孩子，怎么跟个倔驴似的。报英语角多好啊，还省得上英语课外班了呢，这个乒乓球有什么好处啊！"明明执拗地说："我就喜欢乒乓球，我就喜欢蹦蹦跳跳。"说完，明明就回屋做作业了，妈妈不出声地笑了。

妈妈显然很了解处于青春期的明明到底有多么叛逆，即使报课外班，也要

和妈妈顶着来。不过，聪明的妈妈恰恰利用了他这种心理特点，激得他报乒乓球班。这样一来，妈妈再也不用担心明明的视力问题啦，因为橘黄色的乒乓球，对缓解孩子的视力疲劳是非常有好处的。而且，适当的体力运动还可以帮助明明放松紧张的心情，以更好的状态投入学习。妈妈们，如果你们家里恰巧也有这样一个处于青春叛逆期的孩子，不妨也试试这种方法吧。相信，只要你的演技和明明妈妈一样高超，效果一定会超出你们的想象哦！

当然，巧用逆反心理并非只对孩子有效。前文说过，很多成人也有逆反心理。有些时候，他们因为看不惯某些人某些事，所以总是与其针锋相对。在这种情况下，如果能够针对他们的逆反心理，给出合适的选择，他们一定会毫不犹豫地弃暗投明，走向你所期待的目标。总而言之，在做说服工作前，我们必须努力了解说服对象的心理，这样才能有的放矢，事半功倍。

将优点和缺点交替陈述

让对方认同自己的观点、采纳自己的意见，这是每个人在与他人交流、沟通时所希望达到的目的。然而，每个人都有自己的想法，有时想要做到这一点并不容易，尤其是当你面对一个固执己见、很难听进他人意见的人时。

怎么办？急功近利的人往往会采取这样的做法：反复强调自己的观点，或者单纯陈述对自己有利的方面，而对自己不利或存在的弊端则一概不谈。这是一种急于求成的方法，同时也是大错特错的方法。且不说这样做、这样说本身就违反了事物都具有利弊两面性的规律，单是从个人感情方面来说，人们对于这样“王婆卖瓜，自卖自夸”式的人也本能地会产生反感。这就是我们平常所

说的“一面提示”法，即只谈对自己有利的理由。

顾名思义，那么“两面提示”法就是既陈述对自己有利的理由，又客观、公正地分析自己事实存在的不足或者对自己不利的理由，将优点和缺点交替陈述的方法。事实证明，无论在日常谈话还是说服他人上，“两面提示”往往比“一面提示”更有说服力，更加令人信服。

小朱是一家汽车销售公司的业务员，参加工作半年多了，他的销售业绩一直不尽如人意。经理多次找他谈话，暗示他假如再不能尽快将业绩提升上去，就请他走人。

小朱很苦恼，却不知自己的问题出在哪里。思来想去，他决定还是请销售部的“老大哥”老吴帮忙。老吴这么多年来一直是公司的销售冠军。

小朱请老吴喝酒。酒过三巡，小朱坦言自己在工作上遇到了麻烦，并诚恳地请求老吴指点迷津，帮自己一把。老吴并没有直接告诉小朱应该怎样做，而是反问小朱：“你在向客户推销汽车时，是否竭力宣传你所销售的汽车是如何如何的好，性能是如何如何的全面，总之是全说好话？而在谈到别家公司的汽车时，你是否全说对方的缺点和不足？”

“那当然，向客人推销，怎么能说自己的产品不好呢！”小朱自然是毫不犹豫地回答。

“到底是年轻人！”老吴笑了，“你可知道，你这样做不但不能有效地说服客人，甚至还会让他们对你产生反感。换一种方法试试吧！下次再向客人介绍自己的产品时，除了多说优点，也要客观、公允地评价他人的产品，甚至要让客户了解自己产品的不足之处，这样一来，你的销售额一定会上来。”

小朱半信半疑，但是结果却让他不得不信服。短短的三个月时间，小朱就摆脱了公司销售“尾巴”的尴尬境地，甚至因为业绩突出而多次受到经理

的表扬。

老吴的方法其实很简单，就是我们上文中所说的“两面提示”法。任何事物都具有双面性，只强调自己产品的优点，对于那些不了解产品性能的客户来说，的确能起到蛊惑作用。但随着社会的信息化程度越来越深，客户也变得越来越冷静、理智。他们会细致地分析自己所听到和看到的，不会轻信任何一方的一面之词。假如你所说的与他们所看到的有所出入，那么他们就会更加不信任你。既然如此，不如客观、公正地将自己的优点与缺点同时陈述出来，并在一定程度上肯定自己竞争对手的长处。这样，就会给客户留下知识丰富、公允客观的好印象，从而消除客户的抵触心理，认可你的为人，同时接受你的产品。

发表意见时自然也是如此。与其一味强调自己观点的正确性，不如实事求是地既说明自己观点的长处，也说明其短处，并同时探讨一下其他方案的可行性。这样，不但可以消除听众的防范和抵触心理，更能让对方觉得你是经过深思熟虑、综合论证而得出的结论，从而对你所说的话更加信服。

巧用登门槛效应

登门槛效应，也称得寸进尺效应，是指一个一旦接受了他人的一个微不足道的要求，为了避免认知上的不协调，或想给他人以前后一致的印象，就有可能接受更大的要求。这种现象，犹如登门槛时要一级台阶一级台阶地登，这样能更容易、更顺利地登上高处。其实，每个人都有一种在他人面前保持形象一致的心理需求，他们不希望自己在别人眼里是一个反复无常、莫名其妙的人。

基于人们这样的心理，我们需要巧妙利用登门槛效应，一步步说理，令对方欣然接受我们的要求。

1.降低要求的“门槛”

如果你想要顾客购买自己的糖果，需要降低自己要求的“门槛”，不妨先说“这是我们店刚进的新品种，清甜可口，甜而不腻，请您随便品尝，千万不要客气”，对方在“恭敬不如从命”的心理状态下品尝了糖果，这时候你再提出“购买”的要求，对方一定不会拒绝的。

2.先提出一个微不足道的要求

一般情况下，男生都是这样“追求”女孩子的：先故意说“这道题我不是很理解，你能帮帮我，给我讲解一下吗？”之后，紧接着提议“顺路，我送你回家吧”……就这样一步步“说服”对方成为自己的女朋友。而且，由于遵循了“登门槛效应”，整个过程中，对方不会有不安的感觉。

3.“哪怕一分钱也好……”

心理学家D.H.查尔迪尼代替某慈善机构做一次募捐活动，他对一些人说了一句话“哪怕一分钱也好”，结果这些人的募捐要远远高于另外一些人。当我们再向对方说出“哪怕……也好”的时候，就会产生登门槛效应，使得对方欣然接受我们的请求。

第6章

掌握提问技巧，问对问题才能摸清关键

一问一答，可以说贯穿了谈判的始末。在日常谈判中，精妙的提问不但可以帮助我们获取所需要的信息，而且还可以促进双方的沟通。所以，我们在谈判中要不断地向对手提出各种问题，以试探虚实，获取信息。

好的问题，可以打开对手的心扉

提问是谈判中获得对方信息的一种手段。通过提问，除了可以从中获得众多的信息，还常常能发现对方的需要，知道对方追求什么，这些都对谈判有很大的指导作用。另外，提问还是谈判应对的一个手段，是谈判者机警的表现。有时候，在谈判过程中，因为种种原因导致对方面色不佳，不愿意继续交谈下去，沟通无法进行，这是一个非常关键的时期，稍微不慎就使整个谈判陷入僵局。这时，我们也可以通过提问来化解对方的敌意。

1.提的问题要恰当

假如按问题规定的回答方式能够得到使对方接受的判断，那么这个问题就是一个恰当的问题，反之就是一个不恰当的问题。所以，在协商阶段，谈判者要想有效地进行协商，首先必须确切地提出争论的问题，尽可能避免提出含有某种错误假定或敌意的问题。

2.问题要有针对性

问题要有针对性，也就是说提问时要把问题的解决方案引到自己预设的方向上去。在协商阶段，一方为了试探另一方是否有签订合同的意图，谈判者必须根据对方的心理活动运用各种不同的方式提出问题。当对方不感兴趣、不关心或犹豫不决时，我们应问一些引导性问题：“你想买什么东西？”“你愿意付出多少钱？”“你对于我们的消费调查报告有什么意见？”等。提出这些引导性的问题后，我们可根据对方的回答找出一些理由来说服对方，促成对方与我们成交。

3.提问必须谨慎

谨慎提问，可以促使我们轻易地吸引对方的注意，使之对问题保持持久的兴趣。此外，经常地提出问题，你的对手会被导向你所期望的结论。由于提出问题是一个很有力量的谈判工具，在应用时必须审慎明确。问题决定讨论或辩论的方向，适当地发问常能影响谈判的结果。发问还能收集更多的情报信息，并可以刺激对方慎重地考虑你的意见。为了答复你的问题，对方不得不想得深入一点，从而他会更谨慎地重新检测自己的前提，或是再一次评估你的前提。

恰当提问，获得自己想要的信息

在实际谈判中，我们经常将提问作为摸清对方真实需要、掌握对方心理、表达自己观点从而通过谈判解决问题的重要手段。如何提问是很有讲究的，重视和灵活运用提问的技巧，不但可以引起双方的讨论、获取信息，而且还能够控制谈判的方向。提问是谈判中经常运用的语言表达方式，合适的提问往往可以引导谈判者寻找很多机会，并打破僵局，促使谈判走向成功。有时候，我们可以通过提问晓以利害，顺势说服对方。

谈判是一个双方沟通的过程，为了避免沟通时出现障碍，保证顺畅、融洽，不妨在谈判中运用提问，即采用带有征求询问性质的提问来表达自己的要求，因为问话包含征求询问的性质，可表示尊重对方的意思，最能博取对方的好感。

男孩与女孩要结婚了，女孩决定操办一场豪华婚礼，男孩却持不同意见，但直接表达恐怕引起对方不满。于是，男孩给女孩算了一笔账："完全按照你的意愿，酒席32万元，新房装潢和家具等12万元，蜜月旅行、喜车、喜糖、鞭炮、礼品等20多万元，加起来要60万~70万元。"然后告诉女孩："现在有12万元的存款，每月结余1万多元，一年大概存14万元。"接着，男孩提议："你看咱们是不是5年后，35岁积攒下存款再结婚？"女孩沉默了，男孩又提议："要不先贷款，然后再用5年的时间还贷？"女孩也不满意，这时男孩趁势说道："35岁结婚太晚了，背着贷款也不舒服，你看咱们是不是实际一点，看看哪里可以节省点？"女孩很轻易就同意了。

在实际谈判过程中，作为谈判者，我们需要认清这样一个问题，那就是在任何时候，当我们想要对方按照自己的思路走，那首先应该放下自己的观点和思想，按照对方的思路走，趁机寻找到击破对方心理的空隙，这样我们才能在最后达到自己的目的。

谈判中，双方需要了解对方的实力、要求，掌握各种有关的信息和背景资料。当谈判者对对方的情况不完全了解和对自己掌握的情况要求证实时，可以直接采用提问的方式，获取自己想要得到的信息。

除了在提问时晓以利害，还需要掌握合适的提问时间。

1.在对方说话停顿、间歇时提问

在谈判中假如对方发言冗长，或不得要领，或纠缠细节，或离题太远，影响洽谈进程，那可以在对方停顿时趁机提问："这些细节问题我们以后再谈，请谈谈你的主要观点，好吗？""第一个问题我们已经听明白了，那第二个问题呢？"这样的提问既不失礼，同时还可以帮助对方切回正题，继续谈判。

2.在谈判议程规定的辩论时间提问

智慧的谈判者在辩论前的几轮商谈中，总是细心记录，深入思索，抓住谈

判桌上的分歧进行提问。结果不问则已，一问就问到了点子上。而且，在提问时需要注意问话的速度，选择对方心情好的时候，然后给予对方足够的答复时间。

3.在对方发言完了之后提问

当对方正在发言时，我方要认真倾听。即便发现了问题，你很想提问也切记不要打断对方，可先把发现的和想到的问题记录下来，等待对方发言之后再提问。这样不但反映了我方的修养，而且可以全面地、详细地了解对方的观点和意见，避免操之过急，曲解了或误会了对方的意思。

4.在自己发言前后提问

当轮到自己发表意见时，可在谈自己的观点之前，对对方的发言进行自问自答，如“您刚才的发言说明什么问题呢？我的理解是这样的……对这个问题，我说几点想法”。在充分地表达了自己的意见之后，为了让谈判沿着自己的思路发展，可以这样提问：“我们的基本观点和立场就是这样，您对此有什么看法呢？”这样的提问就是明显的承上启下，有较强的互动性，结果就容易让谈判顺利进行下去。

提问必须恰当而有礼貌

在商务谈判中，提问技巧经常是谈判者用来弄清某些事实，把握对方思想脉络，表达自己意见或调整自己谈判策略的重要方式。而恰到好处的提问不但可以启发对方思维，激发对方的兴奋点，控制交谈言语的方向，同时还可以表达自己的感受，帮助自己获得新的信息和资料，这在商务谈判中起着非常重要的作用。不过，谈判者提问必须问得恰当而又礼貌，充分体现出对对方的尊重，对方才会乐于回答你的问题，才有利于谈判的顺利进行。

提问的方式要委婉，语气要亲切平和，用词要通过大脑思考，不能把提问、查问变成审问、责问、咄咄逼人的提问，以免给人一种居高临下的感觉，对方一旦产生了防范心理那就不利于谈判了。

1.谈判时提问使用商务语言

在谈判时语言必须坚持文明礼貌的原则，符合商界的特点和职业道德的要求，不管交谈中出现什么样的情况都不能使用粗鲁、污秽的语言或攻击性的语言。而且用语必须清晰易懂，口语尽量标准化，不能用地方方言或黑话、俗语等与人交谈。

2.注意提问的语调

在谈判时说话应注意抑扬顿挫、轻重缓急，避免挤眉弄眼、语不断句、大吼大叫等，谈判者应该通过语调的变化显示自己的信心、决心、不满、疑虑和遗憾等内心情绪。同时，要善于通过对方不同的语调来洞察对方的情感变化。

3.提问时语言应当准确、严谨

尤其是在磋商的重要时刻，更需要严谨、精准的语言准确地表述自己的观点和意见。有时若是需要使用某些专业术语，则应以简明易懂的惯用语加以解释，所有语言都要以保证谈判顺利进行为前提。在谈判过程中所使用的语言，应丰富、灵活，富有弹性，对于不同的谈判对手，应使用不同的语言。

假如对方谈吐优雅，较有修养，己方语言也应非常讲究，做到语出不凡；假如对方语言比较朴实，那己方用语也不要过多修饰；假如对方语言爽快、直接，那己方语言也不必太过于委婉。谈判者要善于按照对方的学识、气质、性

格、修养和语言特点及时调整己方的语言，这是快速缩短谈判双方距离、实现平等商讨的有效方法。

巧用第三人称提问法

面对有些难以调和的矛盾，人们在交流中时常会陷入僵局，甚至引发争执。然而，生活就是这样的，总是一个矛盾接着一个矛盾，解决了一个难题又出现一个难题。有些人总想改变现状，其实现状是难以改变的，我们只能改变交流的方式，多多使用交流的技巧，尽量避免争执的发生。语言，是人类交流的最基本也是最常用的媒介。在电子产品广泛普及的今天，很多人都不会鸿雁传书了，而是使用微信、短信、QQ等能够及时交流的工具。实际上，纸质的书信有一种神奇的效果，能把很多尖锐的问题淡化，让人们不再因此而争执和吵闹。想想那一页页精美的信纸，带着用心书写且散发着笔墨清香的心情，是多么美妙的感觉。为此，我们将书信交流可以避免矛盾的优势转变成一种提问技巧。这就是第三人称提问法。

通常情况下，交流的双方只会和在场的人争吵，而不会和不在场的人争吵。掌握了人们交流时的这种习惯，我们就可以借出第三人称提问，说出原本是我们想说的话。这样一来，即使对方不想听这些话，也无法迁怒于不在场的第三人，而只好偃旗息鼓，冷静下来思考。当然，这第三人肯定是存在的，而且要在对方心目中占据一定的地位，拥有相当的分量，否则，就无法使对方心甘情愿地回答问题，也就失去了预期的效果。聪明的交谈者在提出尴尬的问题，或者容易引起对方情绪波动的问题时，常常使用这种方法，效果非常好。

不过需要注意的是，如果这个问题真的是第三人提出的，则无须多言。如果是你作为谈话的一方，假借第三人的口提出问题，那么则需要注意不能提过分的问题，否则就是嫁祸于人了。还要注意，如果必要，可以与第三人提前沟通，以免万一对方因为怒气去找第三人质疑，导致穿帮。注意到这两点之后，就可以放心大胆地使用第三人称提问法啦！

雅琪和小威谈恋爱一年多了。眼看着他们的感情渐入佳境，也开始提起谈婚论嫁的相关事宜。雅琪依据家乡的风俗，想向小威要一些彩礼，给远在老家的爸爸妈妈，也算暂时报答了爸爸妈妈的养育之恩，没有让他们白白辛苦。但是，雅琪和小威都是大学生，是自由恋爱的，雅琪斟酌许久，也不好意思直接向小威提出彩礼的事情。思来想去，雅琪决定绕道而行。

端午节时，雅琪专门请假回了一趟老家，说去和父母商量亲事，顺便看望父母。回来之后，她很不好意思地对小威说："阿威，这次回家，我妈妈提起了彩礼的事情，不知道你们那边有没有这个风俗啊？"小威也不知道家乡的风俗，因而说："我不太清楚我家的风俗啊。不过，既然你妈妈提出来你家有给彩礼的风俗，咱们就照做吧！"小威又问："那么，应该给多少彩礼呢？"雅琪说："其实我也不知道应该给多少彩礼，我妈也没具体说。我都跟我妈说了，我们是自由恋爱，不兴要彩礼。但是我妈说，我家前面的邻居女儿刚刚结婚，对方给了10万元彩礼。"听了雅琪的话，小威不由得吃了一惊，暗暗想道：居然要这么多彩礼，那我可自己做不了主，必须和父母打个招呼商量一下。所以，小威笑着说："没关系，入乡随俗嘛。这样吧，我也和父母商量下。你也知道，咱们都刚刚工作，这笔钱我自己一时根本拿不出来，还得父母支援。"雅琪点点头，说："这是应该的。"后来，小威在和父母商量之后，又和雅琪说："雅琪，我的父母都是工薪阶层，刚刚供我上完大学，还要为咱

们准备婚事，没有那么多钱了。我妈妈问，能不能折中一下，给你们6万元彩礼，这样也是比较好听的吉利数，也能缓解我家一部分困难。”雅琪很高兴地答应了。

雅琪非常聪明，她与小威自由恋爱，按道理说根本不用要彩礼。然而，她又是个很孝顺的女孩，不想再给辛苦供养她的父母增加负担，还想给父母一些回报。但是，她也很担心因为要彩礼，伤害她与小威之间的感情。所以，她就借由妈妈的口，问小威家里是否有给彩礼的风俗。这样的提问方式，既不至于让小威迁怒于她，也不至于让小威对她的感情产生怀疑。最终，小威家也摆明困难，取得了雅琪的谅解，给了6万元彩礼，可谓皆大欢喜。如今，我国很多地方都还流传着给彩礼的风俗，尤其是在闭塞的小县城或者农村。很多年轻人大学毕业后独自留在大城市打拼，自由恋爱结婚，这就与老家的风俗习惯有了冲突。当到了谈婚论嫁的时候，他们也常常因为礼俗的事情闹矛盾。假如能够采取这样的方式，借由第三人之口说出很多要求，也就避免了尴尬，还给自己留下了回旋的余地。

谨言慎语，三思之后再提问

有些主持人总能引导嘉宾说些不常说的真心话，提升访谈类节目的档次和含金量。其实，我们在提问他人时，不妨也把自己想成访谈类节目的主持人，努力思考如何提问，才能让对方消除戒备，打开心扉，畅所欲言。与此相反，假如提问提得不好，就会导致对方马上关闭心门，闭口不言。或者即使继续说下去，也是些没有什么含义的客套话，让人听了索然无味，也无法达到交谈的目的。这就要求我们提问时谨言慎语，三思之后再提问。

提问需要有哪些注意事项呢？首先，不要随意问及对方的隐私。隐私，是完全属于个人的信息。对于个人而言，想说的时候自然会说，不想说的时候别人也打探不出来，因此提问隐私无异于自找难看。其次，不要提起别人的短处，尤其是不要嘲讽他人。每个人都有优点和缺点，有些人总是以别人的缺点为借口，趁机嘲讽他人。殊不知，这样的嘲笑和讽刺，一定会使他人对你心怀戒备，甚至对你的人品产生怀疑。最后，提问时，最好不要加上主观评价。任何事情，每个人在做决定时，都有自己的出发点和苦衷。倘若在提问时，不是就事论事，而是肆意地加上从自身观点和角度出发做出的评价，甚至是批评，那么对方一定不愿意再和一个主观的人继续深入交谈。由此一来，交谈也就戛然而止。相比之下，一个明智的提问者，一定会尊重他人的人格、隐私和情感，也会抛开自己个人的成见，尽量做到与对方客观地交流。很多时候，我们之所以提问，只是想了解真相，而不是妄自评论。也只有真正了解真相，才有可能在此后与对方展开讨论，或者给出可行性建议。否则，一旦不小心刺激对方关闭心门，就再无任何继续的可能。

眼看小童已经28岁了，却还没有女朋友，张大妈心急如焚。在张大妈的催促下，小童终于说：“好啦，好啦，不要催促啦，我会把你儿媳妇带回家的。”听到儿子这么说，张大妈简直乐开了花。这个周五，小童通知张大妈：“妈妈，我周六带女朋友回来吃饭，你简单准备下吧。”这个消息简直让张大妈欣喜若狂，她不但一大早就去早市买了很多好吃的回来，还把家里好好地打扫了一番。

周六上午，快到11点时，小童才带着女朋友姗姗来迟。这时，张大妈已经在厨房里忙活了好几个小时了。然而，在看到小童女朋友时，张大妈的心突然

惊了一下。原来，小童带回来的女孩虽然皮肤白皙，但是身材矮小。这对于身材高挑的张大妈来说，简直太难以接受了。一想到未来的孙子也有可能特别矮小，张大妈就心如刀绞。这顿饭，张大妈根本没心情吃，简直味同嚼蜡。下午，小童送走女朋友回到家里，张大妈脱口而出："我不同意你和这个女孩交往，你爸也不同意。难道你准备和她结婚吗？！"不想，这句话马上就让小童逆反起来。他情绪激动地喊道："你们为什么不同意？你们凭什么不同意？和谁在一起是我的事情，不关你们的事。""你是我们生的，我们就得管。如果你和这个女孩在一起，就永远不要再回来。"张大妈更激动了。这次争执，他们不欢而散。小童居然提了个箱子，搬出去住了。由此一来，张大妈再也得不到小童和那个女孩的消息，也无从打探。

在这个事例中，张大妈虽然一眼见到准儿媳妇就不满意，但是反应未免有些过激。她以情绪强烈的反问句质疑儿子，导致儿子马上生出叛逆心理。归根结底，现代社会提倡自由恋爱和结婚，张大妈尽管辛辛苦苦养大了儿子，却只能提出参考意见。她和老伴这样强制干涉，而且带着喝令的意味，导致儿子关闭了心门，不愿意再继续讨论这个话题，也使得他们无从知道儿子的真实想法。由此一来，事情就陷入僵局。

生活中，不管遇到什么事情，生气并不能解决问题。只有静下心来，保持理智平和的态度，才能想出彻底解决问题的办法。也不管我们面对的是什么人，亲人、朋友、同事，或者是孩子，都应该采取尊重的态度，才能事半功倍。

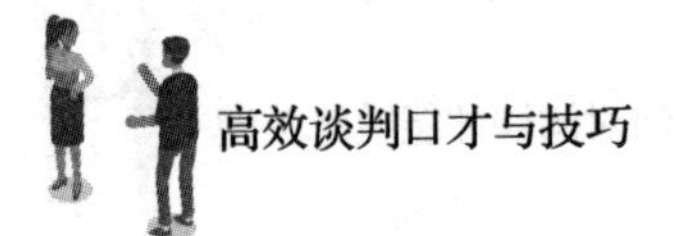

学会让别人说“是”，而不是让他说“不”

在日常谈判中，当我们与人就某个问题做讨论的时候，需要对某些有选择性的议题框定一定范围，不要给对方太多的选择。你所给出的选择太多，那对方给出的答案就很容易脱离自己掌控的范围，那我们就无从回应了。当然，这是基于人们的一个微妙心理。我们都知道，当我们在问对方“是不是”这个问题的时候，对方的回答一定只有两个，要么“是”，要么“不是”，除此之外，别无其他的选择。但如果我们表示“你觉得怎么样”，那这样的答案就太宽泛了，我们根本无法估计对方想说的答案是什么。

著名的哲学家苏格拉底总结出了“苏格拉底问答法”，他总是以“是的，是的”这样的反应作为自己的谈话前提。他几乎从来不把自己的观点强加给别人，他把思考的权利交给别人，他只是一个提示者而已。他的技巧就是：反问对方，指出他自相矛盾的地方，使他相信这样的结论完全是他自己得出来的。或许，这就是最绝妙的谈话方式，不带任何火药味，不伤和气，却让对方同意自己的观点，而且最重要的是这个观点是他自己说出来的。在谈判过程中，我们要学会让别人说“是”，而不是让他说“不”。

一位客户来银行要求开户，当出纳员让他填写一些家庭信息材料时，他却只写出了一部分，而对另一些讳莫如深。按照银行的规定，信息不全是不能开户的。

我们来看看这位出纳员是如何让客户乖乖就范的。

出纳员开始这样问：“你想一想，你把钱存到银行，在你去世之后，你希望银行把你的存款转移到有权继承你财产的亲属账户里吗？”客户回答说：“当然，是的，我会这样做。”

出纳员继续说："如果我们银行没有你亲属的材料信息的话，在你去世之后，那些财产是不是就会无法按照你的意愿转到你的亲属手里呢？"客户点点头："是的，会出现这种结果的。"

出纳员慢慢引导："难道你现在不认为，将你最亲近的亲属材料给我们银行，这样就更能永久地保护你的财产吗？"客户认可了："是的，我也这样认为。"

这时，已经不需要那位出纳员继续问下去了，客户已经主动起来，笑着将自己亲属的信息告诉了出纳员。

所谓有效问答术，简单地说就是开始就要让对方说"是"，而应尽量避免对方说"不"。这样的交谈不会引起争吵，甚至会让你们成为良好的伙伴。因此，我们在与人谈判的时候，千万不要一开始就说那些意见分歧很大的事情，争得面红耳赤，这样做得不到任何结果。不妨从双方都同意的地方开始提问，这才是最好的办法。

1.不要给对方太多的选择

在正式沟通中，我们要善于摆明道路，一条或两条，给出明确的指向，不要给对方太多的选择。想必，我们都做过选择题，下面只有几个答案，不是选这个就是选那个，除此之外，我们别无选择。在沟通中也是一样，如果我们将选择权交给对方，那其心理的变化是我们不容易捕捉到的。

2.提出的问题要在自己掌控的范围之内

在谈判过程中，当我们需要向对方提出一些问题的时候，应选择一些自身易于掌控的话题，让对方的回答也在我们意料之中，这样我们才能根据对方的回答进行下一步的谈判策划。

第7章

谈判场上解尴尬，春风化雨促和解

日常谈判中，我们要关注对方的情绪，了解对方的要求，若是出现言语不当，很容易让场面陷入尴尬，最后甚至造成谈判破裂。着手进行和解，让谈判圆满收场，才是谈判的真正目的。

运用模糊的词语避开关键问题

在现实生活中，有很多的事情会在没有思想准备的情况下发生，也有很多的问题会让自己左右为难。在这种情况下，如果选择沉默或者拒绝不免会给交际双方带来不好的影响，也会让自己在别人心中的印象大打折扣。在这种时候，我们不妨用模糊的语言来做出回答。

模糊的语言是一种重要的交际手段，同时也体现了一个人随机应变的能力。在一些不必要或者不可能把话讲得过于清楚的情况下，完全可以运用这种表达方式，既避免了紧张的气氛，又让自己得以解脱，同时还不会给别人带来负面的心理影响。

在社交场合游刃有余的人，都懂得模糊语言的正确运用。模糊的语言能够用恰当的方式、微妙的语言，对别人的问话或者请求做出有余地的回答，既不会因为生硬的拒绝给对方带来不快，又能够保全双方的面子，从而避免了不留后路的后顾之忧，又能够避免最终事与愿违的尴尬和承担后续的责任。

有一艘豪华客轮在即将到达旅游点的时候突然停了下来，原来是客轮的驾驶室里出现了一些问题。游客们在经过几十分钟的等待之后，终于忍不住内心的不满和焦躁，纷纷把矛头指向了导游，质问事先为什么没有做检查，追问客轮什么时候才能重新起航。面对情绪激动失去了理智的游客，导游镇定自若，脸上一直带着微笑，心平气和地向大家做解释："请大家不要着急，客轮并没有什么大问题，只是出现了一点小毛病而已。技术人员正在做检查，一会儿就

好了。为了大家的安全，请大家耐心地等一会儿，不要走远，更不要站在危险的地方，马上就要起航了。”导游不断地重复这些话，游客们的心情也慢慢地平静了下来。

导游在回答旅客的质问时，用了一连串的“一会儿”“马上”等词语，既避免了游客的情绪再度波动，又因为没有给出确切的答案从而给自己留有了余地。他在安慰中，并没有给予确切的时间承诺，但是却用一连串的模糊语言让游客们安静地等待了一个多小时。不妨试想一下，如果导游为了安抚游客，盲目地讲“15分钟之后就可以起航了”，可15分钟之后客轮依然停留在原地，很可能就会激起游客的怒火。将自己逼往绝境的导游再做出任何解释都是没有用的，反而会加重游客们的怨气和怒气。

模糊的语言可以作为一种缓兵之计，当别人问你一些没办法回答的问题的时候，如果委婉拒绝不能起效的话，你就应该用一些模糊的语言来搪塞一下，这样既可以让自己从麻烦中摆脱出来，又能够不伤及对方的面子。一个聪明的人，在敏感话题上从来不言之凿凿，也不会生硬拒绝，而是懂得用一些模糊的语言来保全双方的面子，从而既为自己留一条后路，又避免了一些不必要的纠纷。

模糊语言的表达形式是多种多样的，如闪烁其词、答非所问、避重就轻等，但归根结底就是不要把话说得太死，既给自己的语言留有余地，也给对方留足颜面。

在现实生活中，有很多敏感性话题让我们无法坦诚布公地回答，但是考虑到双方的颜面又不愿意生硬地拒绝，那么就要在说话中讲究一些策略，用模糊的语言回答别人无心或存心的话题，做到既有力度又不伤人，这样的谈话方式会让你的口才能力上升到一个新的台阶。

现实生活中，有很多的问题需要用模糊的语言来回答。当别人问你“月薪

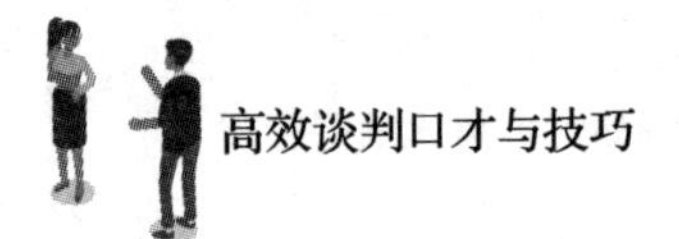

是多少”的时候，你不妨说“聊以糊口罢了”，如果有人问你是怎样结识一个大人物的时候，你不妨说：“这是个很复杂的过程，等以后有时间了，我再详细地告诉你。”当别人打听到你父亲的朋友就是你所在公司的领导时，故意问你“你在这家公司应该不错吧？”你可以说“全托您的福”。这些回答既显示出了你的热情，又能巧妙地躲避掉那些不愿意回答的问题。

模糊的语言是日常生活中随机应变的一种重要方法，常常用于一些不必要、不可能把话说得太死的情况。而巧妙地运用这些模糊的词语，会给人一种处世圆滑的印象。

化解尴尬，为自己解围

在当众说话过程中，有时候我们会遇到听众的挑刺或者故意刁难，这时我们不可避免地陷入困境中。如果你只是傻傻地在那里站着，那么只会让那些故意为难你的人更得意，同时，也会让所有的听众看笑话。在这样的情况下，我们该如何扭转乾坤，让那些故意刁难者知难而退呢？其实，这需要一定的方法以及技巧。

在公众场合，如果你遭受到了听众的顶撞、攻击、讽刺挖苦或者出言不逊，不需要以牙还牙、针锋相对，否则会让局面发展到更加不可收拾的地步。而是需要将对方的讥讽之词当前提，作为铺垫，作为条件，顺势表达出自己内心的看法。

那么，在具体的说话场合中，我们该如何替自己解围呢？

1.顺势牵引

在回应对方时，我们可以不做正面抗衡，而是在迂回的交谈中，顺着对方的话说下去，借力打力，从而达到自己的目的。若我们面对不怀好意的人提问，不要与之针锋相对，也不要给予正面回答，而是巧妙采用这样的顺势牵引方法，顺着对方的话继续说下去，将对方的讽刺挖苦作为自己所用的工具，然后说出反驳的话来，致力于打击对方的嚣张气焰，让自己摆脱困境。

2.顺水推舟

听众中难免有恶意的刁难者，他们会故意提出一些带歧视、轻视、敌视性的问题。对待这些刁难者，说话者不能像对待善意的质疑者那样，而是应该不客气地给予回击。但是这样的回击要很讲究技巧，不能直接回击，而是需要灵活采用顺水推舟的方法。如果你不顺水推舟把问题巧妙地回答了，他就有可能提出更尖锐的问题。

3.避实就虚

有时候你不需要正面去回答那些故意刁难的问题，你可以避开要害问题，谈论一些无关紧要的话题，这样可以转移人们的注意力。

4.欲扬先抑

有时候，听众会提出一些很刁钻的问题，可能你的回答恰好中了他的圈套，这时你不妨先承认他的观点，然后再巧妙地提出你的观点使他接受。

巧妙回答，避开对方的言语雷区

无论是商业还是政治或者是其他活动，都离不开谈判，通过谈判而达成一致意见，签订协议并通过认真履行使双方获益。谈判行为是一项很复杂的交际行为，它伴随着谈判者的言语行动、行为互动和心理互动等多方面的、多维度的错综交往。谈判过程中，作为代表一方利益的谈判者，你是否能成功识别出对方的现实动机和长远目的，对方派出人员的权限乃至其心理状态、个性特征等，在很大程度上影响谈判的结果。

美国谈判学会主席、谈判专家尼尔伦伯格说，谈判是一个“合作的利己主义”的过程。而谈判的最终结果是双方合作共赢，这就要求谈判者以一个真实身份出现在谈判行为的第一环节中，去赢得对方的信赖，从而把谈判活动完成下去。而事实上，双方都希望谈判结果能利于己，谈判者又很可能以假身份掩护自己、迷惑对手，取得胜利，这就使得本来很复杂的行为变得更加真真假假，真假相掺，难以识别。

谈判中，对方说的每一句话对于我们来说，都可能是一个“套儿”。从这个角度看，领导者在谈判的时候，只有懂得从对方心理角度出发，在陷阱面前懂得说话迂回，才能把握对方心理，并反败为胜，取得谈判的主动权。一场谈判如同一次战斗，要了解那么多的材料，并进行综合、分析、推理、决策，大家都没长前后眼，不能未卜先知，一不小心，就会陷入对方设定的陷阱中，为此，懂得掌握对方心理，巧妙反击就很重要。

那么，谈判者在谈判的时候，该如何回答才能绕开对方的语言雷区呢?

1.委婉含蓄法

对于不便于直率回答的问题，采用曲折的形式回答叫委婉含蓄法。

例如，一位曾经犯过错误的干部在调整工资中未得到升级。他气势汹汹地跑去找有关领导质问，这个领导轻声地回答说：“我在会上念了这次升级的规定，你自己应该清楚不能升级的原因啊！”这位干部顿时满面通红，羞愧交加地走了。试想如果这位领导直率地说：“这是因为你犯了错误啊！”这种回答

势必会伤害这位干部的自尊心，收不到好的效果。同样，谈判中，对于对手提出的某些问题，如果你觉得不便直率回答，那么，也可以采取这种回答方式，既不伤感情，又态度明朗，能起到一箭双雕的作用。

2.答非所问法

所谓答非所问法是指谈判者对对手提出的问题不便或不愿意回答，则回答其他的问题，将问话者所提的问题故意引开。答非所问在特定的场合是一种非常必要的答话技巧。

言语失误，想办法及时挽救

公开说话需要多用脑子，谨言慎语，话多无益。说话者不要只顾着一时痛快、信口开河，以为听众微笑就是表示对你的肯定，你就没完没了地将一些本来不应该说的话都说了出来，结果触碰了言语上的禁区。对于自己都还没搞清楚的事情，最好不要当众说出来，尤其是那些捕风捉影的话、那些隐秘的话，否则最后遭殃的只能是你自己。不过，在公开场合说话，有时难免会因为说得太兴奋而忘记了避开某些言语禁区，于是一时间那嘴巴就好像是决了堤的洪水，一个劲儿地说些乱七八糟的话，如此自然会让人厌恶。面对如此场景，我们该如何挽救呢？这时最好的办法就是及时想办法挽救，而不是让这个尴尬越来越严重，甚至给自己带来麻烦。

假如我们在当众说话时触碰到了言语禁区，该如何化解呢？

1.正话反说

说话者可以利用情境的参与，正话反说，摆脱尴尬的场景。正话反说相当

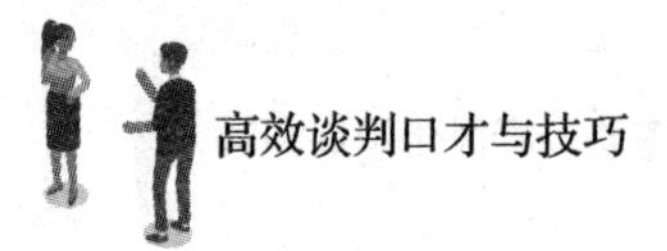

于修辞格中的反语，是用相反的词语表达本意，使反语和本意之间形成交叉。

在语言交叉技巧中，反语以语义的相互对立为前提，依靠具体语言环境的正反两种语义的联系，把相反的双重意义以辅助性手段如语言符号和语调等衬托出来，使听者由字面的含义悟及其反面的本意，从而发出会心的微笑。

2.利用歧义

你也可以利用特定的场景，造成情境歧义。有时同一个词语会存在不同的含义，这时候你可以巧妙地运用语言的多义，再加上具体的场景，造成歧义的效果。让听者搞不清楚你到底所要表达的是哪种意思，自然也就不会将那些触碰言语禁区的话放在心里。

转移话题，及时缓解局面

在谈判过程中，针锋相对的尴尬局面随时都有可能发生，任何话题都有可能形成分歧与对立。从表面上看，僵局的产生往往是防不胜防的，但真正令谈判陷入危机的是在多次谈判后仍觉得与自己的期望相差甚远。对此，谈判专家总结说："许多谈判陷入僵局或破裂是由于细微的事情引起的，诸如谈判双方性格的差异、怕丢面子，以及个人的权力限制等。"有时谈判的一方会故意制造僵局，他们有意给对方出难题，搅乱视听，甚至引发争吵，这样迫使对方放弃自己的谈判目标而向自己的目标靠近；有时则是双方对某一问题各持自己的看法和主张，产生了意见分歧，这样越是坚持各自的立场，双方之间的分歧就会越大。当然，不管出于何种原因导致的僵局，作为谈判的一方，我们应该及时缓解局面，以灵巧的策略缓和场面，巧妙转移话题，打破僵局，促进谈判的

顺利进行。

在谈判中，双方为一个话题争论不休，甲方代表说：“我希望贵公司能对我们所提出的要求予以答复，否则我们之间没什么好谈的。”乙方代表则无奈地表示：“关于这个问题，我已经说过很多次了，确实没办法达到你们所提出的要求，以我们公司的规模来说，真的是难以办到。我只希望你们能降低一些要求，这样我们双方之间也能达成一个协议。”听了乙方代表的回答，甲方代表摇摇头，说道：“这些条件是没有任何商量余地的。”说完，就打算起身离开了。

这时乙方代表中的一位先生开口说道：“大家都说了一上午，恐怕肚子早饿了吧，我早就听说这酒楼有几道招牌菜，还没尝过呢，要不，咱们先吃饭，吃过饭再说这个问题。”听这样一说，甲方代表也觉得自己饿了，于是点点头，双方坐了下来，开始聊起了各地方的名菜。

眼见对方要起身离开，僵局已然形成，若是再不想办法进行挽救，那么本次谈判就将宣告失败了。这时乙方代表中一位灵活多变的先生及时地转移了话题，让大家把注意力都放在了吃饭这个问题上，而僵局也得到了缓和。

在谈判过程中，双方在观点、立场上的交锋是持续不断的。如果双方所谈问题的利益要求差距比较大，而彼此又不肯做出让步，必然导致双方因暂时不可调和的矛盾而形成针锋相对的局面。当僵局出现后，如果不进行及时处理，就会对接下来谈判的顺利进行产生不利的影响。当然，谈判过程中出现针锋相对的局面，并不等于谈判的破裂，不过它还是会严重影响到谈判的进程，这时，我们需要灵巧地转移话题，突破僵局，等到气氛融洽之后重新回到谈判桌上来。

当谈话陷入僵局，我们不妨这样做。

1.灵活转移话题

当僵局已经造成，不妨短暂地结束这个话题，例如，“关于这件事，正如先生所言，的确非常有道理，但是暂且先谈刚才那个提案”“正如你所言，这是非常重要的问题，所以稍后调查再做报告，在这之前先说说这个问题”“这些宝贵的意见暂且先搁置，我们不妨换个角度看看”。

2.先声夺人

在对方完全摊开话题之前，你就先换个话题，然后开始说起来，不时地还向对方征求意见，让他发表高见，并向他讨教解决问题的方法，而且自己保持诚恳的态度。这样不给对方喘息的机会，以及再提原来话题的时间。

谈判最好的结果是双赢

在许多人眼里，谈判所涉及的是各自利益的协商，因此，坐在我们对面的应该是我们的谈判对手，是敌非友。敌和友，本来是水火不相容的。其实，许多敌友都是在各自的利益争夺中产生的，有时甚至是人为地制造出来的。为了某个人、某个团队的利益需要而故意制造一些对立面以便达到自己的目的。所以，敌人和朋友是可以互相转化的，没有天生的不可逆转的敌人，也没有牢不可破的朋友。有时候，我们以为对方是我们的敌人，殊不知，在谈判中还可以成为朋友，最终完美地实现了各自的利益，那岂不是一件皆大欢喜的事情。

1.以真心感动对方

当我们想与对方化敌为友，就要首先摒弃自己心中的成见，拿出一颗真心，以心换心，才能真正地消除对方内心的敌意。这样，彼此之间才有成为朋

友的可能。

2.说相同的话

在谈判中，如果对方对我们产生了敌意，那我们应该适时说一些相同的话，也就是能真正触动对方内心的话。这些话可以是双方都认可的观点，可以是嘘寒问暖的言语，其出发点都在于站在对方的角度想问题，这样才能很好地打动对方。

我们应该记住这样一句话：朋友并不是好人的代名词，敌人也不能与坏人画等号。在生活中，朋友可以变成敌人，敌人也可以变成朋友，其实，在某种程度上，敌人才是最了解自己的知己。对此，在实际谈判中，如果因为某些利益或交际需要与敌人成为朋友，那就先付出真心，适时以灵巧的策略，赢得对方的好感，并与之成为朋友。

第8章

消除对方内心疑虑，谈判结果尽快达成

在谈判过程中，当我们抛出一些观点之后，对方肯定在某些方面存在一些疑虑，或是问题，在我们能满足对方需求的情况下，接下来就是要消除对方的疑虑，让对方对你充满信任，谈判才会水到渠成。

暗示利益的存在，让对方上钩

现实生活中，人们参与社交活动，多半都是有一定的目的的，也就是为了一定的利益，即使两个人的友谊再深，也不可能完全脱离利益而存在，例如，对方想交某个名人，而你若能为其提供结交的机会，那么，对方就会主动先与你结交。因此，我们要想说服他人，也可以根据人们的这一心理，巧妙说出对方在接受说服后获得的益处，这样对方一定会主动接纳我们的意见。

可以说，当今社会，任何人都逃不出利益的引诱。暗示利益的存在，能让对方上钩，我们的说服目的也就在无形中达到了。具体来说，我们可以这样说服对方。

1.开发对方的想象力

人的想象力是惊人的，对于同一个事物，不同的人会得出不同的看法。因此，如果我们在说服他人的过程中，能充分调动对方的想象力，为对方描绘美好的蓝图，将会对你说服对方有很大的促进作用。因为从心理学的角度看，一旦在人们的内心世界形成一种美好的愿望，那么，他们是极其愿意接受实现这种愿望的途径的。下面这段话展现了一个销售人员是如何劝说客户购买产品的：

夫人，你想想看，如果你能买下这所房子，那么，您的孩子每次回家的时间就能减少半小时，每天吃晚饭时，还能听到对面音乐厅里悠扬的钢琴声。不失为一种美啊！

这是一段具有强烈对比性的想象，想象之所以为想象，是因为它不是真实

的，但客户听到这段话后，是不会产生异议的，因为它极有可能成真。

2.让对方参与，体验互动

人们常说“耳听为虚，眼见为实”，相比你所说的，人们更愿意相信自己的眼睛，更愿意相信自己所看到的，此时，如果你能调动起对方的视觉、嗅觉、味觉、触觉等感觉，那么，一旦对你的话产生了信任，他们是很愿意相信你的。

3.要找到对方最想看到的“利益”，进行“利诱”

不同的人，关心的问题不同，能对其起作用的点也就不同。也就是说，我们利诱对方，要分清对象。例如，销售过程中，有些客户比较爱贪便宜，那么，你可以暗示他会有某些小礼品的赠送；请客吃饭中，一些人比较看重可能会结识哪样的人，为此，你可以告诉对方饭局上会有某个名人、权威人士或者对方一直想认识的人……

4.你所应允的“好处”应当属实

若对方答应我们的请求，是因为我们加以利诱，而当他们发现我们的承诺并不属实时，自然会心生不悦。这样，我们说服的目的也就难以达到了。

总之，聪明的人在说服他人的过程中，都会巧妙攻心，他们并不会苦口婆心去劝说，而是常使用“未来憧憬法”加快对方接受我们的脚步，一旦对方感受到你所描述的蓝图是美好的，那么，他们会毫不犹豫地选择听从你的意见。

以积极的信息打消对方内心的顾虑

现代社会，无论是寻找合作伙伴，还是业务洽谈，我们都免不了要说服他人。我们需要说服的对象也是形形色色的。有的人在交谈中有着明确的目的，一开始就直奔主题，这对于我们来说，倒也很轻松。但大多数人却是疑虑重重，例如，有的客户在购买产品的时候，就有怕贵、怕假、怕不适合、怕“花钱不识货”的心理，还有一些合作者总是怕被骗、怕损失等。面对他人的重重疑虑，该如何解决？这就需要我们善于观察，找到对方的顾虑，并用正确的、积极的信息打消其内心的顾虑，最终达成说服目的。

推销员敲开某住户的门，与女主人对话，当他说明来意后，对方的回答是：

“我们现在不需要。”

“没关系的，您现在很忙吗？看得出来，您虽然很忙，但脸上却一直洋溢着幸福的笑容，您的家庭一定很幸福吧。”实际上，女主人并没有笑，但听到销售员这么说，女主人果然笑了。

“噢，谢谢！我的确挺幸福的。”

“您丈夫对您一定也非常好吧，我看到屋内挂的全家福了。我知道您先生是一位事业成功、在业界有影响力的优秀人士。那句话说得没错，‘每一个成功的男人背后都有一个伟大的女人。’”

“呵呵，哪里啊。我也没有对他的事业帮到什么忙，只是每次他回到家里，能吃到热气腾腾、可口的饭菜，能换上干净的衬衣，能看到可爱的孩子。”

“是啊，这就是一种幸福啊……”聊着聊着，女主人已经沉浸在幸福里了。

“其实，我们对你的产品还是挺感兴趣的，等我丈夫回来后，我们一块儿去你那里看看产品。”女主人居然主动提到销售的事。

“好，谢谢！这是我的名片。”

案例中，这位销售员在被女主人拒绝后，仍然保持良好的态度，并对客户说了一些“动情”的话，从而试探出女主人是一个感性的人，接下来，他便从情感的话题入手，谈到女主人的丈夫、家庭，从而获得了女主人的认可，改变了销售局面。

现实生活中，有顾虑的人很多，这就需要我们采取多种方式去打消他们的顾虑。具体来说，我们可以这样做。

1.善于观察对方的一举一动

在面对我们的谈话对象时，我们要善于观察对方的一举一动，通过对方举手投足所折射出来的心理活动，大致猜测对方的顾虑。

2.巧妙提问找到对方产生顾虑的原因

一位销售人员试图将一台复印机推荐给客户。客户看起来也很有兴趣，但是他说要考虑一下。

“好极了！想考虑一下就表示您有兴趣，对不对呢？”

客户：“你说得对，我们确实有兴趣，我们会考虑一下的。”

销售员：“先生，既然您真的有兴趣，那么我可以假设您会很认真地考虑我们的产品，对吗？”

此处，销售员的这种问法就能问清楚客户具体对产品哪些方面有疑虑，销售员还可以尝试这样继续问下去：“先生，有没有可能是价格的问题呢？”如果对方确定真的是价格的问题，销售人员就可以从此方面入手，替对方分析此产品物有所值。如果销售人员能处理得很好，就能把生意做成。

3.积极发问确定对方的顾虑

在猜测到了对方的疑虑后，我们可以采取发问的方式来对问题进行确定，只有这样，才能抓住时机，步步深入，逐步打消对方的顾虑。

然而，与我们的说服对象初次沟通的时候，出于防备心理，对方会有意无意隐瞒一些信息，而这些信息，对我们的说服工作起着至关重要的作用。所以，我们在发问时，一定要注意方式，最好以温婉探问的方式，尽量在悄声无息中了解，否则，很容易引起对方的反感，弄巧成拙。

总之，只要我们在说服对方时善于观察、巧妙探寻、积极提问，便能了解对方某些隐秘信息和顾虑，但我们一定要注意自己的言行，太过直接、明朗会引起对方的负面情绪！

巧辩不如攻心，让对方认真听取意见

人活于世，我们每天都要与周围的人沟通和交流，无论是谁，每天都在不停地说服别人以达到自己的目的。这正如艾森豪威尔曾说过的：“说服是一门艺术，让人们做你想让他们做的事情，并且令其乐此不疲。”为此，如何提高自己的说服能力就成为很多人需要思考的问题。常言道，巧辩不如攻心。说服一个人，光有嘴皮子功夫是不够的，我们必须态度诚恳，这样才能让对方认真听取我们的意见，从而又快又准地达到说服的目的。

我们来看看下面一名应届毕业生的求职经历：

这名毕正生正在面试，考官在问了一系列问题后，突然问：“你在本科阶段为什么学习成绩平平，是否也赞同‘及格万岁’？”

面对如此棘手的问题，这名毕业生不紧不慢地回答：“我自小父母双亡，只有爷爷、姐姐与我相依为伴。在党和政府以及众多热心善良的人的帮助下，

我才能够长大成人。考上大学后，为了不再给所有关心我的人添麻烦，我坚持各种社会实践，用自己的双手挣学费。成绩不好，是我本科生活中的最大遗憾，但我想只要我有足够的时间，甚至只要有普通学生的一半学习时间，我相信自己的学习成绩一定能非常优秀。”

这名毕业生本科阶段学习成绩不佳，这一点，他供认不讳，他是诚实的，最难能可贵的是，他并未给自己找借口，而是认为，如果自己有更多的时间，学习成绩一定会非常优秀。另外，他也并不是以自己的这段经历来博得考官的同情，真正感动考官的是他身处逆境却不气馁、顽强奋斗的精神。他的自强不息、他的自信，在他真诚的话语中坦然流露。

的确，真正的说服，并不是口若悬河、滔滔不绝，而是将话说到对方心里，让对方不知不觉认可你。所以，你不妨诚恳、清晰地表达你的观点，话语不可过多，注意说话方式，诚实、中肯地说话就能让对方感觉你是一个可信之人。相反，如果你眉飞色舞、唾沫横飞，就会给对方造成一种华而不实的感觉，进而也会对你的言语心存疑虑。

那么，在说服他人的时候，我们该如何做到诚恳表达呢？

1.自信地与对方握手

有研究人员通过实验研究了握手的效果，结果证明：身体的接触行为能增强人与人之间的亲近感，即使是初次见面的人，也有同样的效果。为了强化这种效果，有人会伸出双手与人握手，这样的人大多非常热情。

英国著名动物学和人类行为学家德斯蒙德·莫里斯说：“握手是表现热情的一个动作。”用一只手握手已经能表达热情了，如果再添上一只手，甚至握住对方的手腕，再拍拍他的肩膀，则表现出十分的热情，同时还能展示自己的诚意。

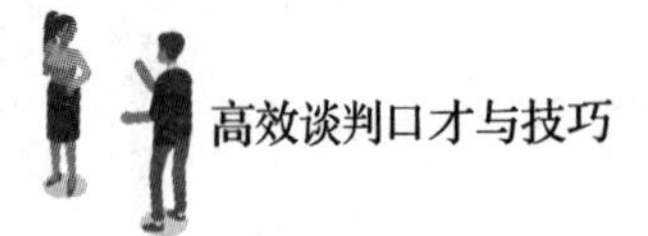

2.交谈时眼神诚恳

在说服别人时，目光要集中注视对方；听对方说话时，要看着对方的眼睛，这是一种既讲礼貌又不易疲劳的方法，更是对对方的一种尊重。为了让对方对我们的谈话感兴趣，需要用柔和友善的目光正视对方的眼睛。

3.不可过分与对方“套近乎”

一些人会认为，与人“套近乎”，会拉近彼此之间的距离，为自己成功说服对方加分，其实未必。人与人之间都存在一定的心理戒备，过分套近乎，只会让你的语言的真实性大打折扣。

4.少讲客套话

无论你和交际对方的关系如何，都不能过分客套，客套也需要有个度，开始见面时寒暄几句并不为过，但继续说个不停就太不妥当了。你谈话的目的在于沟通和说服对方，而太过客套，则难免会阻碍双方“掏心窝子”地说话，如果谁都客客气气，还有什么可谈？

5.心理换位，多从对方的角度说话

人与人之间的情感要达到一种共鸣，就必须倾听，然后认同，唯有认同，才能拉近人与人之间的距离，在说服他人时也是一样。

我们若表现出从对方的立场出发，认同对方的感受，站在双方共同的利益上客观地审视双方面临的问题，就更易于打动对方。

总之，真正能打动人心的话语，才称得上是有效的说服，而只有能表达真挚感情的语言，才能打动人心。说服他人时，如果你能用得体的语言表达你的真诚，你就能很容易赢得对方的信任，与对方建立起信赖关系，对方也可能因此喜欢你说的话，并愿意接受你的意见。

留心问题，不被对方牵着鼻子走

在日常谈判中，为了不被对手牵着鼻子走，我们首先要注意自己的问题，时时检查自己在谈判阶段的某些方面是否做得比较到位，如谈判前的准备工作、谈判议程规划、谈判策略等。只要一个环节出了问题，就有可能无法挽回，甚至会给对方提供一个机会，促使其不断打击己方的斗志，进而引导己方思路朝着对方既定的方向走。可以说，这是谈判过程中很大的失误，所以，在谈判过程中，我们需要注意很多问题，尤其是关于己方的某些问题。

我们需要注意，在实际谈判时你所携带的资料，一定要与谈判本身有关。假如你带了大批与谈判无关的资料前去谈判，一旦被发现，那谈判信用便将破产，而一旦失去谈判信用，则再难挽回，也没办法弥补。参加任何谈判，需要留意自己所使用的战术或技巧是否适用于谈判的内容，这是十分重要的。所使用的战术或技巧要是不够高明、不适合谈判内容，都将使谈判难以顺利地展开。

通常文件战术在谈判一开始时使用，也就是双方隔着谈判桌一坐下来的时候。而且，采用文件战术须有始有终。在每一次的谈判中，都不要忘记把所有的文件资料带在身边，否则，将会引起对方的怀疑，甚至蔑视。假如有可以不再携带文件资料的理由，则需要向对方详细说明，使其了解。

千万不要小看这些问题，稍有不慎，就会使己方陷于被动之中，极容易让对方牵着鼻子走。那么，在实际谈判中，我们还需要注意哪些问题呢？

1.压力不宜过大

假如我们所参与的谈判规模大且重要时，那自然对谈判的目标期望值就较高。假如谈判者对达成目标的把握不大，往往会过多地考虑谈判的重要性，承受过大的心理压力，患得患失，且盲目地进行各种猜想，稍有不慎就会出现谈判前失眠、坐卧不宁等焦虑情绪，这将直接影响谈判能力的发挥。

2.保持平和的情绪

谈判过程中，在双方不停的主、被动转换中会呈现出暂时的冷场、相持、激烈等不同气氛，这些都将直接干扰和影响谈判者的情绪。在谈判处于主动时，谈判者容易沾沾自喜，情绪过于兴奋，这会导致知觉能力下降、放松警惕、陷入对方的布局，给对方以可乘之机。在谈判处于被动时，又想尽快扭转局面，这时谈判者小心谨慎，担心自己失误，又担心别人失误，这样就容易产生消极情绪，结果越谈越被动。

3.不宜感情用事

有的谈判者过于自尊或自卑，容易动怒。谈判是谈判者代表企业去完成重要的使命，只要对方不是故意惹事，那就应该专业而客观地看待问题，互相之间不应该持有敌视心态，这样才会促进双方沟通交流。

4.以平常心看待谈判实力差距

谈判双方的实力相差悬殊时，不管是相对强的一方还是比较弱的一方，其谈判心理都会受到一定的影响。

在谈判对手实力较强、谈判水平较高、谈判优势较大的情况下，谈判者往往会产生“畏谈、畏难”情绪，对实现期望值缺乏信心，对解决谈判中的困难缺乏主动性和积极性。

若谈判对手较弱，则容易产生麻痹的思想，就会表现出对困难的准备不足。在谈判比较顺利时谈判者往往会忽视细节、举止傲慢、处理问题随便。一旦遇到困难，尤其是出现意料之外的情况时可能会产生急躁情绪，言行失态，从而导致谈判失败。

即便谈判双方实力相当，谈判者也容易产生想赢怕输的心理状态，担心自己在谈判中发挥不好而影响谈判预期，害怕肩负重任却辜负了期望。怕言语不当让对方掌握有利信息，怕发问不当让对方抓住有利时机，总是怕这怕那，结果反应迟钝，顾此失彼。

5.不要忽略自己的底线

谈判者的最低目标建立在对最佳选项的客观分析上，假如设立了底线就一定坚持下去，否则谈判就失去了意义，没有了最低目标。商务谈判的底线是按照自己的成本所制定的，超过底线意味着没有利润。

6.坚持到最后一刻

谈判进程趋向结束，谈判越是接近预期的最后期限，谈判气氛就越紧张，难以琢磨，对谈判者的心理冲击就会越强烈。在谈判的最后阶段，谈判者思想过于集中，思路容易僵化，往往会出现意想不到的失误。此外，由于谈判接近尾声，谈判出现需负最终责任的行为，谈判者的心理压力持续增大，情绪上的紧张导致行为上的犹豫、缺乏胆识，往往会错失良机。

切忌绕圈子，把话说到点子上

现实生活中，我们常说，语言是思想的外衣，的确，一个人是否沉稳，是否值得人相信，是可以通过语言来观察的。通常情况下，人们对那些说话言辞中肯、措辞严谨有致的人更容易产生信任感。同样，我们在说服他人的过程中，一定要使用稳当、专业的语言，绝不用那些模棱两可的词，这样才能有效打消对方的疑虑。

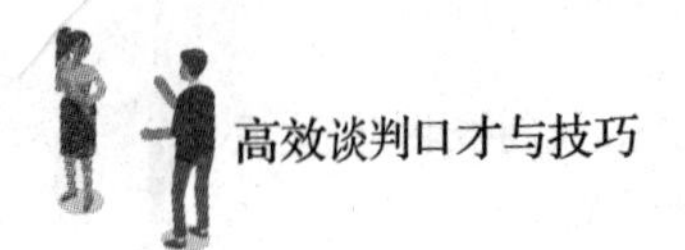

从另一个方面说，现代社会，人们的时间观念都很强，没有人愿意花费太多的时间来听你的长篇大论。所以，我们在说话的时候，切忌绕圈子，而要把话说到点子上。有话则说，长话短说，无话不说，这样才更准确地传达你的思想。

1863年7月1日，对于美国人民来说是个非常有意义的日子，因为这天在美国发生了一件惊天动地的事，美国南北战争中的决定性战役在华盛顿附近的葛底斯堡打响了。三天激战后，北方大获全胜。

战后，美国的宾夕法尼亚等几个州商讨决定把战争中逝去的烈士合葬在国家烈士公墓。

公墓在1863年11月19日举行落成典礼，美国总统林肯也就理所当然地被邀请前去演讲。除了林肯之外，演讲者还有美国的前国务卿埃弗雷特，而林肯只是因为总统的身份，才被邀请在埃弗雷特之后讲几句形式上的话。这种情况下，林肯非常清楚自己的处境，在他前面演说的是美国历史上最有演说能力的人。林肯如果说不好，无疑会被在场的人笑话，会使得自己总统的颜面尽失。

在典礼上，埃弗雷特那长达两小时的演讲，洋洋洒洒，确实非常精彩，也获得了听众的掌声。令人意想不到的是，林肯的演说居然只有10分钟，而就这10分钟的演讲，不仅赢得了当时在场的一万多名听众的热烈欢迎，而且在全国引起了轰动。

当时有报纸评论说：“这篇短小精悍的演说简直就是无价之宝，感情深厚，思想集中，措辞精练，字字句句都很朴实、优雅，行文毫无瑕疵，完全出乎人们的意料。”就连埃弗雷特本人第二天也写信给林肯：“我用了两小时总算接触到了你所阐明的那个中心思想，而你只用了10分钟就说得明明白白。”林肯这次出色的演讲手稿被收藏到了图书馆，演讲词被铸成金文，存入牛津大

学，作为演讲的最高典范。

林肯在这次演讲中靠什么取胜？那就是简洁，他那简短有力的演讲比长达两小时的演讲更深入人心。很多时候，言简意赅的讲话比那些长篇大论更容易被人们所接受，所谓“浓缩的就是精华”，因为简洁，所以它所阐明的思想会更有深度；因为简洁，它所表达的意思更加清晰；因为简洁，它所彰显的内容会更有力度。

那么，从这个角度看，在说服他人时，我们该如何表达，才能体现语言的准确性，让他人对我们产生信任感呢？

1.语言流畅

语无伦次、前后矛盾、结结巴巴、吞吞吐吐是沟通的大忌，说服他人，我们一定要克服这种情况，掌握清晰、流利的说话技能，同时做到表述连贯，逻辑合理，前后衔接，原因结果叙述清楚。不然的话，对方不仅会轻视你，还会怀疑你说话的真实性。需要注意的是，语言流畅并不是要滔滔不绝地说个不停，而是要说到点子上。

2.陈述简洁，不可啰嗦

简洁的语言最容易让人理解，也最有力，让人信任，所以陈述简洁是我们说服他人过程中对语言的第一要求。

要想获得对方的信任，就不要说话啰嗦，而应该尽可能用较短的时间，简单明了、干净利落地把比较重要的信息传达给对方。

3.表述准确，说话要有条理、有重点

我们都知道，我们说服他人的目的是使对方接受我们的观点。因此，我们在与对方沟通的时候，不要一味空谈。要知道，对方在面对你时，态度和观点可能是与你不同的，如果你说话总是进入不了主题，不仅耽搁了双方的时间，还容易让对方产生不耐烦的情绪，导致沟通失败。说话有重点，才会让人觉得你办事有效率，为人精明、干练，是值得信赖的对象。

当然，表述时，我们要发音清晰，音量适中，用词尽量准确。

另外，准确、中肯的表述还需要在说话时有条有理。说话有条理才会让人觉得言之有物，有重点可言。有的人在说话时东拉西扯，颠三倒四，对方听了半天，仍觉得一头雾水，失去了继续交谈的兴趣。说话有条理和有重点是相辅相成的，缺一不可，只有有条理才能突出说话的重点，也只有说重点才能让人觉得这人说话有条有理。

采取积极措施，化解对方的不安感

我们都知道，很多时候，我们的说服工作之所以出现障碍，是因为对方心存不安，对我们的话有疑虑，如果不采取积极的措施化解对方的不安感，那么，最终对方会拒绝我们。事实上，对方出现疑虑是出自一种十分正常的自我保护与防卫心理，也是因为很多情况下他们听到的都是“报喜不报忧”的正面信息，例如，一些销售人员为了说服客户，会吹嘘产品的功效，并不会提及产品的不足等。其实，假如我们能主动说出对方心里的疑虑，显露出我们的真诚，打消对方的戒备心理，我们与对方的谈话就会有进展。

那么具体来说，我们该怎样化解对方内心的担忧呢？

1.理解对方的不安感，表达同理心

同理心就是要站在对方的立场，从对方的角度出发来考虑问题。表达同理心是非常重要的，表达同理心能让对方意识到你跟他是始终站在一起的，无形

之中就有效地拉近了双方的距离。表达同理心的方法有以下几种。

（1）同意对方的需求是正确的。

（2）陈述该需求对其他人一样重要。

（3）表明该需求未能满足所带来的后果。

（4）表明你能体会到对方目前的感受。

当然，说服过程中，我们在表达同理心时要注意：不要太急于表达，更重要的是一定要站在对方的立场上去表达同理心，以免让对方以为你是在故意讨好他。

2.主动向对方提供积极正面的信息，打消其顾虑

我们要想消除对方的戒备心，让其最终接受我们的意见，最有效的方法是说“实话”，但我们一定要用恰当的方式把有利于自己的信息传递给对方，让对方认为接受你的意见是一个正确的决定，这样，可谓一举两得。

当然，整个说服过程中，当对方存有戒备心时，我们一定要有耐心，要用真心话拉近与对方之间的距离，对方才会逐渐信任你。

第9章

运用声音的魅力，在谈判场先“声”夺人

声音是有魅力的，尤其是对于很多“声音控”来说。可以说，在谈判过程中，还有一个传递情感的媒介，那就是耳朵。在谈判时，语言可表达内心的思想，更可以展现声音的魅力。

用曼妙的语音语调来调拨对方的心弦

在语言表达过程中，语音语调占据重要的位置。为什么强调语音语调呢？因为在语音语调里包含了太多的感情成分、情绪成分，有时候还有一些十分微妙的信息，这些都是难以用其他方法来表达的。因此，我们在进行语言表达的时候，千万不能忽视语音语调的作用，需要认真揣摩，准确领悟语音语调的真谛。

许多人在说话的时候，只注意单纯的词汇、短语表达，不注意语音语调，结果自己所说的话根本就不能达到预期的目的。语调就像锯齿，字字另起音，字字清楚，这样的语言表达更清楚；语音是语言的物质外壳，是语言符号系统的载体，良好的语音表达更容易影响对方心理。所以，为了增强语言的影响力，我们不妨巧用曼妙的语音语调来调拨对方的心弦，达到征服人心的目的。

销售员小丽说：“我本质上不是一个温柔的人，因而，对于曼妙的语音语调，并没有太多感性的认识，可是不久前我就亲身领教了一回它的力量。”她在一家公司做售后回访，一般要问完五个问题才算做完一个回访。通常情况下，她很客气地问候客户时，对方多能比较礼貌地回应她。但也有态度很粗暴的客户，没等你把话说完，就“啪”一声挂了电话，或虽在听，但语气相当不友善。

由于职业道德的约束，小丽绝不能受影响，不能因为对方的粗鲁她也变得狂躁不安。她继续使用曼妙的语音语调与其对话，这时她惊奇地发现，往往态度不好的客户在听她讲第一句话时，语气冲得她都怕对方从电话里伸出手来扇

她一记耳光，可在她依然不改变曼妙的语音语调，说完第二句、第三句时，对方已平静了很多，到最后一句话时简直就判若两人，非常客气，甚至能主动向她致谢。第一次她以为是碰巧了，可第二次、第三次，当她坚持以不变的曼妙声音和温柔态度对待不太友善的客户时，得到的都是同样的结果。

曼妙的语音语调所传递的是一种温柔的声音，在这样的声音面前，所有的烦躁、粗鲁、不愉快都会土崩瓦解，原来，曼妙的语音语调的力量是如此巨大。曼妙的语音语调可以营造出一个温馨的氛围，形成一个神秘的磁场，让对方潜移默化地认同某种价值观，行为也随之发生微妙的变化。

无论是面对面的说话还是通过电话交流，都需要讲究情感的倾注，因为声音这样的媒介在沟通过程中占了重要的位置。而曼妙的语音语调能够传递好的性情和情感，舒缓、温柔、低语、磁性，给对方一种亲切的感觉。例如，女孩子在对男朋友撒娇的时候，那曼妙的语音语调透露出娇嗔，男朋友只能乖乖“投降”。当然，我们在平时说话中，不可以把娇滴滴的语音语调带进去，否则就会给对方一种做作的感觉。

那么，如何让我们的语音语调有曼妙感呢？

1.心气下沉

有的人血气方刚，语音语调里满是冲劲，给人一种张扬跋扈的感觉。这时候，试着把头顶的气朝下压，压到脚底，你的心气就下降了。再说话的时候，曼妙的感觉就出来了。

2.语调不宜太高

语调太高就没有温和的情感，自然不能打动对方。所以，练习声音时把语调压低，低沉平稳的语调会让对方感到你整个身心都沉浸在与他沟通中。

3.注意语音的准确性

语音的影响力不容忽视，可以毫不夸张地说，如果一个人的语音不准确的话，他的语言表达能力就难以提高，也不会产生有效的影响力。因此，我们在说话时要注意语音的准确性，这样才能把我们的声音以最好的姿态呈现出来，以曼妙的姿态打动对方。

声音洪亮平稳，更具说服力

在生活中，许多人抱怨自己声音很小，而且极不稳定，尽管自己已经觉得在很大声地说话了，但就是发不出声音，而且觉得自己的喉咙好像有什么东西堵着似的。总结这样的现象，就是感觉说话很费力，声音又传不远，而造成这种现象的原因有两个：一是没有充分利用共鸣腔器官；二是气息不稳。通常我们发出的声音都是依靠两片声带振动而成的，振动经过咽、喉、口腔、鼻腔、胸腔等人体器官后被逐渐修饰、放大，形成了自己的声音，最终传到了别人的耳朵。当我们对着身边的人耳语时，声带没有振动，仅仅是气息的摩擦，也就发不出任何声音。如果你想让声音变得洪亮而平稳，仅仅凭借声带的强烈振动，却只会损伤声带而无法使说话音质悦耳。

腹式呼吸又分为顺呼吸和逆呼吸。顺呼吸就是指吸气时轻轻扩张腹肌，感觉舒服的时候，尽量地吸气，越深越好，等到呼气时再放松腹肌。逆呼吸则是吸气时轻轻地收缩腹肌，呼气时再慢慢地放松。两者的区别在于：呼吸只牵涉到下腹部肌肉，吸气时轻轻地收缩腹肌，呼气时慢慢放松，呼吸在这样的方式下变得很轻松，差不多只占据了一半肺容量。

腹式呼吸的具体方法是：让自己仰卧或舒适地做出冥想坐姿，全身放松。先用一段时间来观察自己的自然呼吸，然后右手放在肚脐处，左手放在胸部。吸气时，尽力地向外扩张腹部，胸部则保持不动；呼气时，尽量收缩腹部，胸部则保持不动。如此循环，保持每一次呼吸的节奏一致，你可以体会到腹部的一起一落。这个方法最重要的地方在于：每次呼气吸气都需要达到最大限度的量，吸到不能再吸，呼到不能再呼，若是每口气都能直达丹田那是再好不过了，这样你就能保持沉稳而洪亮的声音。

其实，腹式呼吸的方法不仅能让我们的声音变得洪亮而平稳，而且对我们的身体有很多益处，例如，扩大肺活量、减少肺部感染，以及改善腹部脏器的功能，等等。但在使用这种方法的时候，我们还需要注意以下几个问题。

1.呼吸气的技巧

呼吸要尽量深长而缓慢，用鼻子吸气，用嘴巴呼气。而且做完一个呼吸的动作大概在15秒，也就是深吸气在3~5秒，屏息1秒，然后慢慢呼气，时间也是3~5秒，屏息1秒。每次的练习需要保持在5~15分钟，当然，如果你能够坚持做到半个小时，那是最好不过的。

2.以自己的身体量力而行

对于身体好的人来说，屏息的时间可以延长一些，呼吸节奏尽可能缓慢；而对于身体差的人来说，就不必屏息了，但一定要尽力吸气。每天这样练习一两次，坐着、躺着、走着，甚至跑着也可以练习，直到身体出汗为止。

注意停顿，给对方留下深刻印象

通常在说话过程中，为了考虑到听众的接受度，让听众有一定的时间消化自己想传递的信息，说话者就需要时间给自己控制节奏、理清思路、观察反馈。当然，这样的停顿时间是较短的，否则就会造成说话啰唆的现象，在停顿时需要保持一定的连贯性。话语的停顿主要基于两方面的需求：一方面是相信没有任何一个人能憋足一口气将所有的内容都说完，他需要喘息的时间，或者喝水的时间，如果使用声带的时间过长，会造成声音沙哑，甚至上气不接下气，声音也会变得越来越弱；另一方面是语言本身需要停顿，诸如语法、逻辑、感情等原因，还有一些特殊停顿，否则那将不会成为句子，说话者既没有能力说下去，而下面的听众也无法听明白。

美国前总统林肯在说话时有个习惯就是适当地停顿，当他说到某个重要的问题，而且希望这些内容能在听众的脑海中留下非常深刻的印象时，他的身子会向前倾，注视着听众的眼睛，大概在一分钟的时间里，他一句话也不说，停顿下来。就好像在一片嘈杂声音中突然带来的沉默，往往可以吸引人们的注意力。这样的停顿，会让每一个坐在台下的听众都竖起耳朵，十分专注地听对方接下来会说些什么内容。当然，恰到好处的停顿会让你的声音发挥出较好的水平，如果是牵强的停顿，则会对你产生不利的影响。

那在实际说话中，我们该如何掌握停顿，让声音发挥最好的作用呢？在这里，我们列举了最常见的几种停顿。

1.逻辑停顿

著名专家说：如果没有逻辑停顿的语言是文体不通的话，那么没有心理停顿的语言是没有生命的。逻辑停顿是在一个句子中需要被强调的地方停顿，这

是一种表达感情的需要。

2.特殊停顿

特殊停顿是为了加强某种特殊效果或应付某种需要所做的停顿。停顿的表现力主要有四个方面：变含糊为清晰，变平淡为突出，变平直为起伏，变松散为整齐。

有些排比句通过停顿变得很美，节奏很好，要声断、气不断、情不断。要重复强调的是停顿不是中断，只是声音的消失，而气流与感情是连起来的，有停就有连，而且是某种激烈、紧张的情况下的连接。

3.语法停顿

语法停顿又叫自然停顿，一个词中间是不能停顿的。另外，从语法上说在中心语与附加语之间会有一个小小的停顿，一篇讲话稿中用标点符号表示的地方要停顿，不同的标点符号，停的时间长短不一样，它们停顿的时间是：句号(包括问号、感叹号)>分号>冒号>逗号>顿号，从结构上看，是段落>层次>句子。

4.感情停顿

感情停顿又叫心理停顿，逻辑停顿为理智服务，感情停顿为感情服务，是为了表示一种微妙和复杂的心理感受而做的停顿。

言语抑扬顿挫，极具音乐感

在生活中，当众说话大多都是凭借有声语言来达到交流的目的，而语言表达则主要在于语音。有声语言借助语音的细微变化、语调语气以及停顿等一系列表达形式，使自己的言语表达更加准确、清晰自然，同时还具备抑扬顿挫的音乐感，就像一个技艺高超的琴师，弹奏出悦耳动听的音乐，体现出语言的音律美与和谐美。有人说话比较注重声音的高低起伏、停顿转折，并且节奏分明，自己说起来朗朗上口，听众听起来也觉得悦耳动听。其实，要想达到这样的目的，就需要我们有效地掌握抑扬顿挫的语言表达技巧。

在当众说话的时候，抑扬顿挫地讲话可以增强口语表达的感染力，从而达到吸引听众的目的，如果说话者总是用一成不变的语调很容易让听众觉得乏味。要想使说话变得抑扬顿挫，极富音乐美感，是有一定的技巧的。我们在说话时要善于抓住句子的重点来强调你所要表达的思想感情，适当的时候运用重音，在正式的语言表达中，灵活应用重音可以增强个人语言表达的感染力，表明话语中的轻重之分，从而达到抑扬顿挫的语言效果。

那如何才能使自己的说话变得抑扬顿挫呢？

1.注意重音

当众说话时，我们经常会运用到重音，重音在生活中必不可少。例如，“这篇文章的大意是什么”，其中“大意”就是“大概”的意思，如果你在朗读的时候，把“意”轻念，就会让听众认为是“粗心”的意思。

所以，重音不但能使声音高低起伏不断，重音还具有区别词意的作用，读重读轻表达的意思不一样。重音可分为三种：语法重音，如某个字它本来就应该重读，而当它在某个句子里的时候，就应该读出重音来；逻辑重音，在公开说话时，肯定有一部分的内容是比较重要的，这时候就需要根据说话的内容和重点自己确定重音的读法；感情重音，它是根据表达的强烈感情或细微的心理来安排的。

2.适当停顿

当众说话时，不仅要让你的声音有高低起伏的音乐感变化，还需要停顿转折的回旋变化，这样才能使你的说话听起来抑扬顿挫、悦耳动听。总的来说，停顿主要分四种，即语法停顿、逻辑停顿、感情停顿、特殊停顿。

除此之外，我们在当众说话的时候，还需要把一些书面上的停顿快速连接起来，那就需要一定的连接能力了。也就是，把书面上标有停顿的地方快速连起来，不换气、不偷气，一气呵成，如此说话可以渲染现场气氛，增强语言的气势。

提高语音质量，引人入胜

很多人在讲话的时候，口齿清楚、语音纯正、语气生动、表情达意鲜明，我们就可以称之为语音质量较好。其实，有声语言的声音美，往往能使讲话更易打动人心，引人入胜，获得最佳的效果。要让语音在说话时发挥最好的效果，我们应该提高自己的语音质量，你可以通过下面几个方面的内容来做一些练习。

1.和谐的声调

我们在平时讲话中，要特别注意声调的和谐。每一句话的结尾都要有音节相对应，这样才显得音节匀称；而且语末音节的平仄相错，讲起来的时候，声调要高低起伏不断，急缓快慢有致，抑扬顿挫，这样听起来才会觉得声调和谐、悦耳动人。

在涉及某些书面语言的时候，要能够很好地使句尾的音节与语末音节相配，这样听起来才会清婉动听。我们在讲话的时候，要适当注意声调的配合，以形成波澜起伏、抑扬顿挫的和谐美。

2.自然的押韵

诗歌，尤其是古诗都是讲究押韵的，正是有了押韵才会显出一种音乐美感来。押韵能体现出音韵美和旋律美，所以，我们在讲话的时候，也要适当地押韵，讲究一下韵脚的自然美。但是，讲话毕竟不是诗歌韵文，绝不能舍意就韵，否则就本末倒置了。

3.协调的音节

音节是语音结构的基本单位。汉语的特点是一个字一个音节，但现代汉语中双音节词占多数，甚至还有四音节词等。双音节词和四音节词及词组有很大的优点，即语音有强度、节奏感强，讲起来朗朗上口，听起来清脆有力、悦耳动听。因此，为了使音节搭配匀称协调，最好将相同音节的词并列使用，双音节词与双音节词匹配，多音节词与多音节词匹配，以形成对称、均衡的“建筑美”。

4.叠声复沓

如果你在讲话中运用叠声可以加强语势，可以抒发更强烈的思想情感，形成声音的复沓之美。如闻一多先生在《最后一次讲演》中就有几次运用了叠声：

今天，这里有没有特务！你站出来！是好汉的站出来！你出来讲，凭什么要杀死李先生？杀死了人，又不敢承认，还要诬蔑人，说什么“桃色事件”，说什么共产党杀共产党，无耻啊！无耻啊！这是国民党的无耻，是李先生的光荣！

闻一多先生在情感表露得最为激烈的地方用了叠声，就如同一把把尖刀刺

向敌人的要害，表现出无比巨大的精神力量。

5.准确确定重音

在讲话的时候，为了引起听众的注意，使自己所讲的内容在听众心里留下极为深刻的印象，显示讲话的感人力量，我们必须重读某些词语或者句子。正确使用重音能使讲话听起来高低起伏、抑扬顿挫，能够使自己的讲话取得较为不错的效果。

在一些语句中，为表达感情的需要，我们要稍稍加重某些词句的读音，这就是重音。实际上，重音和非重音在一个语段中是相对存在的，没有绝对的非重音，也没有绝对的重音。重音与非重音在一个语段中的音调总的来说是一致的。重音的确定，对于讲话来说十分重要。确定重音必须联系你所讲内容的中心思想，并且根据一定词句在讲话段中的地位和作用来准确地识别重音。在讲话中正确地读出重音，是提高讲话语音质量的重要一环。

声音悦耳动听，对方自然喜欢

很多时候，说话的声音如何，会在一定程度上影响说话的效果。有的人说话的时候，声音饱满圆润、悦耳动听，听者自然会喜欢听；而有的人在说话的时候，声音干瘪沙哑，甚至模糊不清，这就会惹得下面的听众生厌。

一个经常与人聊天说话的人，如果拥有一副好嗓子，一腔悦耳动听的声音，那无疑会为自己讲话成功省不少的力。其实，每个人的声音状况如何，并不是天生决定的，是可以靠后天练习而成的。练习声音是对个人的声音进行训练，它主要包括三个步骤：练气、练声、练习吐字。

1.练气

俗话说练声先练气，气息是人体发声的动力，它与发声有着较为直接的关系。如果你气不足，就显得声音无力；如果你用力过猛，又会有损声带。所以我们练声，首先要学会练气。练气主要是掌握吸气和呼气的技巧。练气的方法有很多，下面我们就简单地介绍几种。

1）深呼吸法

你先慢慢地用鼻孔吸气，使肺的下部充满空气。吸气过程中，由于胸廓向上抬，腹部会慢慢鼓起。然后再继续吸气，使肺的上部也充满空气，这个过程一般需要5秒，你可以屏住呼吸5秒。

经过一段时间练习，可以将屏气时间增加为10秒，甚至更多。肺部吸足氧气后，再慢慢吐气，使肋骨和胸骨渐渐回到原来位置。停顿一二秒后，再从头开始，反复10分钟。练习时间长了，能成为一种正常的呼吸方法。

2）静呼吸法

将右手大拇指按住一个鼻孔，慢慢地由另一个鼻孔深呼吸，有意识地想象空气是朝前额流去的。当肺部空气饱和时，用右手的食指和中指把深呼吸的那个鼻孔按住，屏气10秒再呼出。如此之后，换另一个鼻孔再做一次这样的练习。

3）睡眠呼吸法

休息时躺在床上，两手平放身体两侧，闭上眼睛开始做深呼吸。慢慢抬起双臂举过头部，紧贴两耳，手指触床头。这一过程约10秒，双臂同时还原，反复10次。

4）运动呼吸法

在行走或是慢跑中主动加大呼吸量，慢吸快呼，慢吸时随着吸气将胸廓慢

慢地拉大，呼出要快。每次锻炼不要少于20次，每天可若干次。

2.练声

我们的声音是通过气流振动声带而发出的，所以，练声对于声音的练习也是相当重要的。但是在练声之前要做一些准备工作，那就是放松声带，让一些轻缓的气流去振动它。这样才会让声带有点准备，不会因为突然的发声而损伤声带。另外，你在进行练声的时候，千万不要张口就大喊大叫，否则只会破坏声带。当声带活动开了，你还需要在口腔上做一些准备活动。大家都知道口腔是人的一个重要的共鸣器，声音的洪亮、圆润与否和口腔有着直接的联系，所以不要小看了口腔的作用。

你还需要特别注意，练声的时候，千万不要在早晨刚睡醒时就到室外去练习，那样会使你的声带受到损害。特别是当室外与室内温差较大的时候，如果张口就喊，冷空气就会顺势进入口腔，刺激你的声带，使自己的正常声音受到损害。

3.练习吐字

很多人认为，吐字与练习声音没有多大的关系，其实两者是密切相关的。只有你发音准确、清晰，才能做到字正腔圆。我们都学过拼音，都知道每个字是由一个音节组成的，而一个音节又可以分为字头、字腹、字尾三部分，也就是我们经常说的声母、韵母、韵尾。

练习吐字，就需要在字头、字腹、字尾上下功夫。你在讲话的时候，一定要咬住字头，把发音的力量放在字头上；在字腹上一定要饱满、充实、有力，确保口形正确；字尾，就是要注意归音，既不要拖长，也不要发音不完整。如果你能够按照这样的练习方法去做，逐渐练习，那么你的吐字就一定会圆润、响亮，你的声音也就自然而然变得悦耳动听了。

另外，练习吐字还有一个较为实际的方法，那就是读绕口令。你可以慢慢尝试着读下面的绕口令：天上七颗星，地上七块冰，台上七盏灯，树上七只莺，墙上七枚钉。吭唷吭唷拔脱七枚钉。喔嘘喔嘘赶走七只莺。乒乒乓乓踏坏七块冰。一阵风来吹灭七盏灯。一片乌云遮掉七颗星。

第10章

言辞辩论有力度，让谈判更有力量

谈判是为了满足各自的利益和需要，在一项涉及各方的事务中进行磋商，并通过调整使各自的条件达成一致的过程。成功的人不接受“不”这一答案，他们借谈判达到双赢。一个优秀的谈判家，要意识到谈判辩论不是无休止地讨价还价，也不是蛮不讲理，而是需要掌握策略和技巧。

言辞有力度，准确反驳对方

一场辩论赛就如同打仗一样，你向对方发出的利箭，需要又稳又准又狠，如此才能狠狠地打击敌人，使其败下阵来。要做到稳准狠，就需要彰显言辞的力度。你反对对方的哪些观点，你以什么样的依据来反驳对方，是否能一下子说到问题的关键点，辩论是否有力，等等，这些都需要通过言辞来显现。在辩论中，所谓的“稳”，一是你的语言要恰好到处地击中对方的要害，不偏不倚，二是你所依靠的材料是充分的，能够稳稳地驳倒对方；所谓的“准”，是说你的语言表述要准确，不能说错一个字，如果是“大多数”，你就不能表述为“全部”，不要给对方任何漏洞；所谓的“狠”，是说一语击中对方要害，语言要有力，而不是软绵绵的，如棉花一般，否则你只会永远处于下风。

在实际当众辩论中，如何才能让自己的语言更有力呢？

1.逻辑要严密

辩论这场“战争”，需要说话者有严密的逻辑推理，不仅让自己的观点稳如泰山，而且让自己的反驳锋芒毕露，让对手只有招架之功，而无还击之力。因此在辩论中，言辞需要有严密的逻辑推理，否则，你的言辞将起不了多大的作用。

2.所掌握的资料要准确

在辩论中能做到“稳”“准”，就意味着你所说的每一句话都是准确的，如此才会彰显语言的力度。当然，既然言辞需要准确，那必然要求你所

掌握的所有材料应该准确而全面，只有掌握了足够多的材料，你才能说出精准的言辞来。

多做事实辩论，增强说服力

古人云：“君子讷于言，而敏于行。”这句话也可以理解为，事情的真实情况比强有力的论辩更有说服力。很多时候，即便我们的言辞很有力，但如果缺乏事实的依据，那无疑是空有其表，言辞根本发挥不了作用。与此相反，在某些时候，即使没有过多的言辞，但只是据实叙述了一件真实的事情，却有相当强的说服力。在这里可以看出，现实材料的重要作用。因此，在实际辩论中，我们要多做事实辩论，尽可能地使用较多的现实材料，增强语言的说服力，以此驳倒对方。俗话说：“事实胜于雄辩。”对于那些以偏概全的诡辩，我们只需要列举出一个与其结论相反的事例，就可以对对方的言论进行反驳。因为同素材的两个判断不可能同时是真的，假如举出一个反例，其中一个是真的，那另外一个也就不可能是真的。

在辩论中多用现实材料，也就是通过摆出事实、讲道理来说明自己的观点和主张。所谓摆出事实，就是用事例来证明自己的观点，你可以用古今中外的典型事例，这种方式是辩论中最常用的方法。那些典型有力的事实论据，比一般的说理更强有力。如果在辩论中选取一些典型的事例作为论据，无疑会增强言语的说服力。

那么我们在收集现实材料的时候，应该注意哪些问题呢?

1.现实材料是为论点服务的

我们应该清楚所收集的现实材料是为论点服务的，如果你选择的事例不能证明论点或与论点相反，那么不仅起不到论据的作用，而且还会给整个辩论带来不利的影响。所以，我们选取现实材料千万不能牵强附会。

2.选择真实、确凿的现实材料

我们所选取的现实材料需要是真实的、确实存在的，而不是道听途说，更不能随意杜撰，对于那些模糊不清的东西不能自以为聪明地胡乱使用。否则，听众会怀疑你论据的真实性，当然其产生的作用也会大打折扣。

3.选择新颖的现实材料

通常那些典型的具有代表性的事例能雄辩地证明自己的观点，说服力也更强。但材料有新旧之分，你所选取的现实材料应该是新近发生的例子，力求给人耳目一新的感觉，而对于那些陈旧的事例，虽然也有一定的代表性，但说得多了，也就枯燥无味了。

4.简要引用现实材料

在论述现实材料的时候，语言简单，因为你所选取的现实材料是为了证明论点而用的，只需要证明了论点即可，否则会犯了喧宾夺主的大忌。

顺着对方的错误言论，推出错误的结果

面对对方的谬论，我们可以用确凿的事实、严密的论据去反驳，也可以以谬制谬。以谬制谬就是用跟对方同样荒谬的言语进行反击，这同样也能达到制伏对方的目的。用简单的话来说，也就是当对方说出错误的言论时，不要去纠

正他，而是顺着对方的错误言论，推出错误的结果。一旦结果呈现在对方面前时，对方的错误言论也就不攻自破了。这样的辩论方法巧妙之处在于，相当于对方主动开口承认自己的言语是错误的，这无疑是自己打自己的耳光。当然，正因为以谬制谬如此巧妙，才会在辩论中发挥出强有力的作用，让对方没有办法还击，只能哑口无言地呆愣在那里。

我们在使用“以谬制谬”这个论辩方式时，需要注意哪些问题呢？

1.必须确认对方的言论是“谬”的

以谬制谬的方式只针对对方的言论是谬的，假如你明明知道对方的言论是正确的，还使用这个方法，那无疑是给自己难堪，因为你所推理出来的结论会证明你的言论是错误的。

2.采用以退为进的辩论

即便发现对方的言论是极其荒谬的，也不需要说破，而是先假设对方观点是合理的，然后将对方貌似合理的论点加以引申，推出一个明显错误的谬论。以其人之道还治其人之身，有力驳倒对方的观点，这样的反击才是大快人心的。

从容不迫，保持清晰的思维

争辩犹如一场战争，激烈而雄壮，危机四伏，辩论的双方在不知不觉中被牵引到一个硝烟四起的战场，由于想赢得这场战争的胜利，他们的心情往往是急迫的，可能这一句话还没画上句号，下一句话已经在舌头上打转了。实际上，与任何战场一样，辩论也需要镇定而从容的心态，如果你表现得太急切，

你就会输得很惨。因为急切的心情往往会让我们失去理智，甚至阵脚大乱，在仓促之中，那些本来严密的话语可能会有漏洞，那些本来可以好好利用的现实材料也会被我们弄得一塌糊涂。即便最后的辩论结果尚未公布，但至少在心理状态上，你已经输了一大截。所以，在辩论中，千万不能过于急切，而需要保持从容不迫的心态。

基于急切心情给辩论带来的不利影响，我们需要克制自己内心的情绪波动。如果你紧张不安，需要这样；如果你认为自己完全有把握战胜对方，那更需要这样。因为求胜的心情若是太急切，稍有不慎就会让自己的语言有漏洞，从而让对方有机可乘。

那么在实际辩论中，我们如何做到从容不迫地说话呢?

1.学会控制自己的情绪

约翰·米尔顿说："一个人如果能够控制自己的激情、欲望和恐惧，那他就胜过了国王。"有时候，从容不迫的情绪不仅是心灵健康的庇护神，而且能让我们做事时游刃有余。

在辩论中，不管是内心的紧张、不安情绪，还是迫切求胜的心情，我们都要学会克制。将全部的精力转移到辩论这件事上来，保持绝对的镇定姿态，从容地阐述自己的观点，以强大的心理优势战胜对方。

2.保持清晰的思维

在辩论过程中，任何时候都需要保持清晰、镇定的思维，哪怕你被对方说得哑口无言，也不要慌张，更不能仓促开口。虽然，在辩论中要求快速的应变能力，但在开口之前，还是需要思考一下：你下面的话语能否起到作用，是否利于辩论。

用语言激怒对方，让对方做出决定

通常一个人的行为不仅仅受理智的支配，同时也受感情的驱使。在谈判过程中，我们可以妙用激将法，用话语促使对方失去理智，凭着一时的感情冲动去做出一些决策或决定。假如我们想达到一定的谈判目标，而谈判对手又是一个心浮气躁的人，这时用激将法是最合适不过了。用语言激怒对方，刺激对方的自尊心和虚荣心，使其理智程度降到最低限度，从而实现我方的谈判目标。例如，“不是我小看贵公司，估计你压根就拿不出足够的资金来购买我们的产品，我即便是再降价，你也只是说说而已。”任何一个谈判者听了这样的话都会怒火攻心，在这样的情况下，他们很容易会为了证明自己公司的能力而做出不利于自己的决策。当然，我们也就能顺利达到自己的目的了。

在实际谈判中，我们使用激将法应该注意哪些问题呢？

1.因人而异

当然，运用激将法需要因人而异，也就是搞清楚谈判对手的性格脾气、思想感情和心理。对于那些富于理智的明白人，则不应该使用这种方法；对那些自卑感强、谨小慎微以及性格内向的人，也不应该使用这种方法，否则只会让他们丧失信心，甚至愤怒以至于谈判不欢而散。

2.拿捏好一定的“火候”

在谈判中使用激将法，还需要掌握好刺激的火候。如果火候太过，会给谈判对手造成一定的压力，使对手产生逆反的心理，可能他们还会坚持自己的观点；若是缺少火候，不疼不痒，则难以达到刺激的目的。

第11章

巧妙布局夺赢面，谈判成功需用心

谈判既然是一场心理博弈，那必然是需要策略与技巧的，尤其是谈判技巧。卓越的谈判家会在谈判之前就巧妙布局，用心策划每一步交谈，使用一些有效的技巧，引导谈判一步步走向期望的结果。

投石问路，了解对方的具体情况

向河水中投一块石子，探明水的深浅再前进，就对过河有把握。在谈判中，我们在与对方交流中，也可以先提一些“投石”式的问题，如“假如我们订货的数量加倍或者减半呢”“假如我们和你们签订一年的合同，或者更长时间的合同呢”。在略有了解之后再进行有目的的洽谈。使用这种方法，需要谈判者做一个有心人，双方互相试探，你提出了投石的问题，对方进行了回答，你们可以根据“问题”的突破口进行洽谈，便于快速达成双方都认可的协议。其中最重要的是在听对方介绍时仔细分析、认识对方，发现可以利用之处，再进行深入交谈，不断地发现新的共同利益。

投石问路是试探对方，也就是在谈判中经常借助提问的方式，来摸索、了解对方的意图以及某些具体情形。谈判中，投石问路是一种常见的方式，作为谈判的一方，你可以从对方那里得到对方很少主动提供的资料，以此来分析商品的成分、价格等情形，便于自己做出合适的决定。在谈判过程中所提出的每一个问题都像是一颗探路的“石子”，你能够通过对产品质量、购买数量、付款方式、交货时间的了解来明确对方的具体情况。

在谈判过程中，不要仓促前行，而是需要谨慎向前，一边提问一边走路，方能获得自己想知道的信息。不断地投石问路能让对方疲于应付，如果对方拒绝我方的提问，通常来说是不礼貌的。而且，对方面对这样连珠炮式的提问，大多数会选择宁愿适当放弃自己的利益，也不愿意继续回答

问题。

投石问路的方法并不会绝对的奏效，因此我们在使用这个方法时还应该注意几个问题。

1.提问更具体

在正式谈判中，有的问题太泛泛而谈，让人难以回答；有的问题太笼统，答案不在自己掌控的范围之内。为此，我们可以先问几个是非题或选择题的具体问题，把有价值的话题找出来，再往下问。

2.因势利导，巧用“对方”的石子

有时我们会遭遇对方的“投石问路”，这时不妨针对他想知道更多情况的心理，对其进行有意识的引导，提出反建议，将对方扔过来的石子还给对方。例如，“您问的问题我都答复了，怎么样，请您考虑我的条件吧”。如此因势利导，往往能促成谈判走向成功。

准确判断对方意图，拿出应对的谋略

在日常谈判中，假如对方有的地方存在问题，你仅提出建议，让对方自己发现自己问题的所在，从而通过思考来做出改变。这样既帮对方解决了问题，还让别人拥有了一种成就感。何乐而不为呢？泰勒是著名的工程师，他曾经对自己的雇员使用这种方法，他说：“让他们以为是他们自己构思出了那些别人逐渐灌输给他们的思想。”这样既达到了谈判成功的目的，又很好地维护了他人的自尊心，从而增强他的成就感和自豪感。

在日常谈判中，谈判的巧妙与否对于业务的成功、赚取利润的多少，甚至对于自己未来的事业发展都有着很大的影响，甚至是决定性的影响。在商务谈判中，在还没有进入会谈之前，谈判双方在心中就已经有了一个大致的目标和方案。而在谈判中最重要的，就是可以把握好这个关键点，控制好谈判的进程，让谈判朝着有利于自己的方向发展。在准确谈判对方的意图后，再按照自己的原则立场，拿出应对的谋略。同时，设法把对方的思路引向自己设定的方向，这样才能左右逢源，掌握谈判的主动权。

在谈判过程中，当我们发现对方的决策、意见不妥当的时候，不妨向他人提出一些建议、忠告。最高明的技巧是既提出能够让他采纳的见解，又让他觉得这个见解其实是他自己的想法。换句话说，就是毫不察觉地把自己的想法传达给他人的大脑，并使之接受。要让对方觉得正确结论是他自己得出来的，就不是直接去点破错误、失误之所在，而是用征询意见的方式，向他人讲明其决策、意见本身与实际情况不相吻合，使他人在参考你所提出的许多意见时，自己得出你想要说出的正确结论。这样一来，我们仅提出意见，就能使他人得出正确想法，我们也会因为他人正确的决策而受益，他人也会因为这个想法是他自己的而自豪不已。

1.引导对方按照自己的思路走

戴尔·卡耐基曾经说过："如果你仅仅是提出建议，而让别人自己去得出结论，让他觉得这个想法是他自己的，这样不更聪明吗？"有关社会学家的研究成果已经表明，人们对于自己得出的看法，往往比别人给出的看法更加坚信不疑。

因此，我们要想使自己的想法被别人接受，在许多时候应该仅提出建议，其中所蕴含的结论，留给别人自己去得出。而不宜越俎代庖，硬把自己的意见往别人头脑里塞。让他人觉得正确结论是他自己得出的，可以说是我们向他人

提出意见的最高艺术。

2.不战而屈人之兵

孙子云："不战而屈人之兵。"孙子认为，能够百战百胜，还不算是最高明的将帅；只有不战而使敌人屈服，那才称得上高明中之最高明者。同样的道理，在谈判中以智取胜：巧妙提出自己的观点，让对方发现问题，并通过思考来解决出现的问题，让他人觉得那个想法是他自己的。这样就不需要双方激烈地交锋，而是在一片祥和的气氛中达成协议。

面对强硬的客户，引导其选择双赢

一位销售经理说了这样一句话："我的经验告诉我，一个优秀的销售人员可以一直说'不'，仍能做成生意，只有那些缺乏生意经验的销售员，才会在顾客提出无理要求的时候，还表示欣然接受。"那么，当咄咄逼人的客户以各种手段诱使我们接受他们的条件时，我们如何才能保障自己的利益，又维持良好的关系呢?

有时候我们期待许久的谈判对手并非善类，那我们所面临的选择区间就会变得十分有限。对于我们正在洽谈的业务丢不得，但是做这笔生意假如赔了钱，那自己作为谈判代表也推脱不了责任。长时间的对峙只会让生意泡汤，而妥协则会损害自己的利益。面对咄咄逼人的客户，我们该如何引导其走一条双赢的路线呢?

1.不要钻进对方的圈套

精明的对手甚至会以感情因素为诱饵来促成交易，那么我们该如何应对呢？可以选择回避，要求休会，与上司商量一下，或者重新安排会议，时间和地点的改变会让整个谈判场面变得不一样；当对手大声嚷嚷或主动表示友善的时候，安静地聆听，不要做点头状，保持与对手的目光接触，神情自然，不过千万别对对方的行为予以鼓励。当他说完自己的条件之后，我们可以提出一个有建设性的计划和安排；有时候可以公开表达对对手的意见，不过这样的做法需要把握好时机，不要让对手感觉下不了台，而影响整个谈判过程。

2.确定己方利益点

在谈判过程中，当我们在讨价还价的时候，一定时刻铭记两个重点：对手的利益和本公司的最大利益。最佳的谈判并不是一味地去满足对手的需求，而是关注问题的解决，达到双赢的局面。有时候，我们不确定本公司的需求，极有可能会做出无谓的让步。

3.把困难的问题留到最后

为什么要把困难的问题留到最后呢？理由有两点：一是解决相对简单的问题可以为谈判发展下去创造势头；二是通过讨论简单的问题可以发现更多的变量因素。而当我们的谈判进入核心阶段的时候，这些因素就会发挥出一定的作用。

4.时刻保持冷静

在谈判过程中，我们要多听，尽量多地了解对手的思路。对手一旦进入他的思路里，争辩根本无法使他动摇，在这样的情况下，劝说的最好办法就是倾听。理由有三个：一是新的信息可以扩大活动的空间，增添变量因素数目；二是安静地倾听有助于化解我们心中的怒气；三是如果你还在倾听，那表示你还

没做出任何让步。

5.准备工作要做足

在谈判之前我们需要做足准备工作，明白自己可以接受的最低价位，而且多创造些谈判期间可以利用的可变因素，尽可能地让谈判进行下去，以从中找到可行的解决方案。许多谈判者认为价格是自己拥有的唯一变量因素，不过单单是考虑价格最后的结果只会既消减了利润，又增添了买卖双方的敌视。比较恰当的做法是把目光集中在客户与自己的共同利益上面来，例如，在谈判过程中，可以多谈一些关于售前、售中和售后服务的话题。

6.语气温和

在谈判过程中，不要采取挑衅的谈判风格。假如你这样说："你使用我们的服务要比普通客户多50%，你们应该为此付费……"这会招致客户马上摆出防范的架势，我们应该这样说："很明显，服务是整个项目中的关键一项，目前你们使用的频率比普通客户要多50%，这导致我们的成本也上升了，让我们一起来找出一种既能降低服务成本，又可以保证服务质量的办法。"

7.保持平静的心态

有时候谈判会发展到我们预想之外，对方常常会因为没有取得丝毫进展而沮丧。这时候最重要的就是保持冷静的头脑，注意对方的言语以及神态，耐心地等到他们平静的时候，总结一下谈判所获得的进展。例如，你可以这样说，让话题重新回到我们所期望的主题上来："我们已经在这些问题讨论了3个小时，试图达成一项公平合理的解决方案。那么现在，我建议重新回到付款条款上面来，看看是否到时候做总结了。"

8.逐次让步

在谈判过程中，讨价还价是最常见的事情，这时候我们可以从一些自己能做出让步的方面下手。许多例子都表明，自己的期望值越高，谈判结果就会越理想；我们的期望值越低，那谈判的结果越会令我们不满意。在谈判开始之前，一旦我们降低了自己的期望值，那我们在大脑里已经做出了第一步让步，对手就很有可能向我们直逼下去，这就是所谓的“先让者输”。

微笑着让对方主动上套

在商场上，谈判几乎是每一个商业人士都需要面对的问题。那么，谈判的目的是什么呢？也许会有人认为谈判的目的是凭借三寸不烂之舌战胜对方，让对方屈服于自己。如果你也这么想，那就大错特错了。其实，谈判的目的是双赢，即你虽然觉得自己赢了，却也要让对方觉得自己赢了，这样，你们的谈判才能达成，你的目的才能实现。这才是谈判真正的成功。没有任何人愿意签订城下之盟，谈判桌上的双方更是如此。那么，如何让对方觉得自己也赢了呢？这就要求你必须讲究谈判的方式和技巧，从而达到谈判的最高境界——共赢。

也许在很多人的印象中，谈判桌是一个剑拔弩张的场所。谈判桌上的每个人都使尽浑身解数，恨不得让对方一切都听自己的。其实，真实的情况是谈判桌上是一个好说好商量的地方。只有在融洽的气氛中，才能既争取自己的利益，又考虑到对方的实际情况和感受，最终达成一致。谈判有很多技巧可循，

最好的方式是微笑着让对方主动上套。

王先生是公司的首席谈判官，只要他出马，几乎就没有拿不下来的谈判。很多人都私底下研究过王先生，想看看他究竟是如何获得谈判的圆满成功的，却都猜不透王先生的招数。

一次，作为王先生最好的好朋友，马先生忍不住问王先生："为什么每次谈判你都能顺利拿下呢？"听了马先生的问题，王先生微微一笑，说道："我并不是顺利拿下别人，而只是让他们主动答应我的条件而已。"马先生很不解，接着问："主动答应你的条件？这可就更神啦。赶紧说来听听！"王先生故弄玄虚地说："当然可以告诉你，不过，你要请我喝酒哦！"

马先生赶紧答应了王先生的条件，王先生才开始说："谈判之前，双方对于自己想要达到的目的都会心中有数。例如，我上个星期和一家合作厂家进行的谈判就是关于订单的价格问题。我们这边理想的价位是全部订单下来1800万。而对方呢，想把价格提高到2000万。对此，大多数人可能会一上来就表明底价，提到1800万。根据我的经验，这样做的最好结果是1900万成交。因此，我在谈判开始提出的价格是1600万。当然，我可以看出来这个价格让对方很惊讶，因为他们觉得太低了。不过，因为我始终面带笑容，所以他们虽然心中有些恼火，却没有表现出来。因为我提出的1600万，导致他们的心理价位由2000万降低了一些，这就与我们预期想谈成的1800万更近了一步。最终，在几番讨价还价之后，他们主动提出双方各让一步，以1800万成交。这样一来，我丝毫没有为1800万费口舌，他们还觉得我们比较通情打理，没有死死抱住1600万不松嘴。就这样，谈判进行到最后的时候气氛非常好，很和谐。谈判结束后，我们还一起享用了一次愉快的晚宴。"

在谈判中，王先生始终面带微笑，所以即使他刚刚开始提出的1600万是一个让对方很难接受的价格，对方也并没有因此而表现出恼怒。殊不知，王先生的微笑背后潜藏着他的用心，即让对方主动提出以1800万的价格成交。事实证明，王先生的计谋非常成功，他最终如愿以偿地实现了自己的谈判目的，而且使对方也觉得自己获得了胜利，把王先生他们的报价从1600万提高到1800万。这才是一次成功的谈判。

试想，假如你一上谈判桌就一副苦大仇深的模样，对方也必然打起十二分的精神来应对你。反之，假如你能够始终保持谦和的微笑，对方必然也会放松警惕，以他心换你心。强取豪夺最终将导致你与谈判成功无缘，只有巧妙地设置“圈套”，让对方主动上套，你们的谈判才能在和谐之中圆满落幕。当然，这里所谓的圈套并非怀着恶意的害人之举，而只是商业角度上的谈判技巧。

不管什么时候，也不管在什么情况下，都没有人愿意本着吃亏上当的原则去达成谈判。要想成功地在谈判中实现既定的意愿，我们就必须知道这一点。常言道，伸手不打笑脸人，在提出很多苛刻要求的时候，作为谈判的一方，你千万不要吝啬自己的笑容。你要相信，看着一团和气的你，对方会相信你是出于真诚合作的目的才来谈判的，因此，他们自然也会努力促使谈判的达成。

时间期限，让对方及时采取行动

谈判专家科思说，时间是除信息和权力之外影响谈判结果的关键因素

之一。几乎所有的商业合作、谈判都比较讲究最后期限。大多数经验告诉我们，很多事情的最后期限是不能逾越的，否则就会发生重大损失。不过事实同时告诉我们，大多数谈判往往是在最后不到10%的时间里谈成的，而在这10%的时间里双方做出的每一个决定都会影响全部销售价值90%的变动幅度。

谈判中的“最后期限”策略，指的是为了确保己方的一定利益，使客户同意在一定的日期之前采取行动。这个谈判策略最大的益处在于：一方面，可以将“谈判时间”与达成“最终协议”这一目标相挂钩；另一方面，可以据此获得相应的利益回报。不过，这种谈判策略的最大弊端就是：会对达成协议带来“操控性”压力。在日常的商务活动中，我们常常会听到这样一些话：“从5月1日起，这种电视机就要限制进口了。”“假如贵公司不在7日内汇来款项，我们将无法按期交货。”“明天5点之前如没有收到你方电话，我们将与别人签订合同。”这些都是时间期限的战略，谈判桌上总有占据主动的一方和陷入被动的一方，后者总希望谈判达成协议。所以，当谈判双方各抒己见、争执不下时，处于主动地位的一方可以利用这一心理，提出解决问题的最后期限和解决条件。

不过，“最后期限”的谈判策略犹如“刀尖上跳舞”，我们在使用这个策略时，需要注意以下几个问题。

1.不要透露自己的时间压力

在透露最后期限时，不要透露自己的时间压力，否则就会将自己置于最不利的位置。那些掩饰自己最后期限的谈判者，其陷入僵局的风险显著增长。意识到自己的最后期限会迫使你加快让步，而对方还有大把时间可谈，其拖延又加大了己方在时间用光之前达成协议的概率。即便你在最后期限之前达成了协议，结果往往会对自己不利，当对方得知你的最后期限后，他会大大地加快你的让步。

2.不要激怒对方

最后期限策略主要是一种保护性的行为，所以，当我们不得不采取这种策略时，需要设法消除对方的敌意。除语气委婉、措辞恰当外，最好以某种公认的法则或习惯作为向对方解释的依据。

3.透露自己最后期限需要注意的问题

首先，我们不要混淆最后期限与时间成本，最后期限使得双方终结谈判，而时间成本只是针对谈判一方来说的。假如我们就一宗官司与人谈判希望达成和解，那高薪聘请的律师导致的时间成本只会影响你自己。在达成和解之前花去的时间越多，我们的律师费就越高。为了防止对方故意拖延时间，就应该设定一个最后期限给双方，如开庭日期提前。

其次，我们需要考虑是否将自己的最佳替代方案一并透露给对方，假如我们的替代方案较为强势，可以让对方了解。若替代方案较为弱势，那保密为宜。最后期限不一定意味着弱势的谈判地位，其实日程最忙、最后期限最紧的人往往拥有最佳的替代方案。

4.给对方一定的时间考虑

透露最后期限时给对方一定的时间考虑，以让对方感到你不是在强迫他接受城下之盟，而是向他提供一个解决问题的方案。虽然这个方案的结果不利于他，不过毕竟是由他自己做了最后的选择。同时，己方对原有条件也适当地让步。这样使双方在接受最后期限时都有所安慰，同时也有利于达成协议。当谈

判陷入停滞不前的境地时，使之快速前进的最佳方法就是规定时间限制，通常又称为时间性通牒。假如可以在适当的时机有效地利用这个策略，便可以促进协议的达成与签署。

第12章

不战而屈人之兵，不得不懂的谈判策略

最成功的谈判是不战而屈人之兵，要想谈判实现这样的目的，关键还在于妙用心理学。心理学并不复杂，谈判中的心理学也能够简单地概括为一句话：促使谈判成功的关键是满足双方的需求。

趁隙插足，夺取谈判的主导地位

反客为主的谈判法就是这样，首先顺着对方的想法做出一番分析，然后找出对方的漏洞，趁隙插足，就能够夺取谈判的主导地位，再抓住关键要害，才能循序渐进达到自己的目的。让对方顺着你的思路走，就要先顺着对方的思路去。运用反客为主的方法，首先找到对方的荒谬之处，或者洞悉对方的漏洞。

在某次谈判中，B拥有某芯片加工设备，希望从A处购买芯片。为了自己手中多一张王牌，某芯片供应商A没有说出芯片对机械的要求，并告诉对方B，自己正在和另一位公司的老总C洽谈。B多方了解，知晓了这一秘密，于是告诉A自己无法按照对方的要求进行投资，决定放弃购买这种芯片；据自己了解这种芯片对机械的要求颇高，必须用类似的进口设备，希望对方能介绍把自己公司的设备卖给C公司。B这一番暗示，其实是告诉了A自己知道他和C的洽谈不过是个幌子，做到了反客为主，A听完之后大惊失色，主动找到B，降低了产品价格和对采购量的要求。

怎样反客为主，夺取谈判的主导地位呢？

1.循序渐进

找到对方漏洞后，再抛出自己的想法，即有利于自己的筹码，对方就可能一步步按照你的计划达成协议。例如，在某次谈判中，谈判手了解到目前这种产品的市场竞争非常激烈，于是首先提出“我公司已经连续 5年向贵公司采购

产品了，当前市场竞争非常激烈，于情于理，贵公司最少应降价10%”。对方没有立即答应，谈判手于是立即详细分析了产品的成本、市场竞争状况，如果错失和自己的合约，将可能有多大的损失，严重的话，对方可能会被逼撤出该产品市场。

然后，谈判手说出对方可能陷入的困境：“若贵公司不顾交情，我公司将不得不向你的同行采购。”最后提出有诱惑的条件并催促对方道：“您想继续合作，按照我们的建议执行吧，随着公司业务量增大，我们会增加采购量的。”

2.抓住关键要害

想要让对方按照你的条件达成协议，就必须抓住对方的关键要害，如“不想失去一位长期客户”“希望延长合同的期限”“希望增加采购量”“不希望丢失高品级顾客”“希望能做出产品宣传”等，只有抓住对方的要害，允诺对方最需要的利益，协议才可能更顺利达成。

攻破对手的心防，获得别人的信任

谈判实际上就是说服别人的过程，也就是逐渐攻破被说服者的心理防线的过程，只有首先获取了对方的信任，让对方逐渐“认同”你，和你产生心理共鸣，才更容易说服对方，从而达到理想的说服效果。若谈判者直觉敏感、善解人意，往往更容易攻破他人的心防，获得别人的信任。

张仪曾经游说韩国与秦国“合纵”，共同攻楚，韩王心存顾虑，张仪是怎样说服对方的呢？他说：“韩国山地险恶，国家储备粮食不足，士兵不过20万。秦国有百万大军，且士兵勇猛，敢于赤足露身追杀敌人。山东各国的兵力虽然不错，但只有在披甲戴盔的情形下才敢战斗，而且人心不齐。两者相较就如把千钧的力量加在鸟蛋上，山东各国必然没有胜算。如今大王不服从秦国，秦必然发兵，大王的国家就要倾覆，不如亲附秦国而共同攻楚，把战祸转嫁给楚国，还能讨秦国欢心。”

一番形势分明的分析之后，韩王释去了心中疑虑，听从了张仪的策略。

攻心说服最基本的技巧是巧妙地诱导对方的心理或感情，以使被说服者信服。所以最好使对方获得心理上的优越感或满足，以迎合对方的心理，而千万不要试图批评或改变对方的想法。

怎样首先获取对方的信任呢？

1.取得心理共鸣

有这样一句格言：“人的心和降落伞一样，必须是开的才有用。”想要获得对方的信任，就要使对方首先敞开心扉，取得心理共鸣。首先必须话题投机，态度观点一致，才能让对方有知己感，进而赞同你的想法。如果话不投机，难以消除人们之间的对立情绪，使对方和你有心理隔阂，对方自然不愿听你说话，不愿和你亲近，也就不能达到说服的目的。

在尝试说服某个人时，不妨先避开对方的忌讳，从对方感兴趣的话题说起，先从情感上取得一致性，然后从细节处扭转对方的观点，进一步赞同你的想法。例如，“触龙说赵太后”故事中，触龙先说自己“偏爱小儿子”迎合了赵太后的心理，然后再说宠爱子女要“为之计长远”逐渐攻破了老太太的心房，取得了赵太后的信任，最终达到目的。

2.用实例来取得信任

很多推销者往往这样说服客户“你的同事/邻居/好朋友某某也用过这个产品或者也买了这个产品”。或者“我自己也用这个牌子的护肤品，你可以看看我的皮肤”。这样直观的实际例子更容易取得对方的信任，关键是所举例子最好是对方熟悉的、有好感的人，如果以对方讨厌的人做例证，往往引起反感，也就不容易达到目的。

3.用自己的人格取得信任

当对方把你当成朋友，往往更容易接受你的说服。很多保险业务人员就是这样做的，他们往往不会直接说服客户，而是先和客户成为朋友，当然并不讳言自己的职业，当交情达到一定的程度以后，对方有这方面的需求，自然而然就很容易找上他们，这种长期的营销策略更容易博得别人的好感。又如，有个公司在每个节日都会为每个家庭寄上一张贺卡，并署名自己的公司，有需求的时候，人们第一想到的往往就是这个公司。这也属于一种隐晦的说服术。

4.有具体的数字和资料支持更能取得对方信任

对于理性的人来说，他们更容易从具体的数字和资料方面分析获得信任。如一句广告“一年卖出3万多杯，杯子连起来可绕地球一圈”就是具体的数字资料，说明其受欢迎的程度，更容易得到消费者的信任和喜欢。尤其对于业务营销来说，想要说服某个大客户，提供详细专业的技术资料和销售情况以及其他客户的反馈，更容易得到对方的信任，对普通消费者来说，专业资料反而不容易受欢迎。

5.层层分析释去别人的疑虑

一个人对某件事情想不通，往往会疑虑重重，并不一定是对劝服者不信任，仅是对道理不理解，这时候就要用层层释疑的方法把道理说透，进行全方面各角度的分析，一点点释去对方的疑虑，才可能说服对方。

在对方心理弱势时乘胜追击

纵观古今中外，几乎所有的战争都是在两条战线上进行的，一条是血与火战场上的拼杀，另一条则是心理战场上的较量。心理战可以说是“战争之外的战争，战争之上的战争”。将错就错、让对方自乱阵脚这一攻心术在中国的战争中表现得尤为明显。任何一位谈判高手都知道在对方心理弱势时乘胜追击，一举获得胜利。

在谈判中，体现谈判者的谈判能力的就是其语言水平。然而，真正的谈判，往往不是在和平的语言环境下进行的，甚至可以说，双方为了掌握谈判主动权，多半会唇枪舌剑。因此，出于利益的对立，当你提出自己的看法和观点后，对方多半会采取否决的态度。面对这种情况，聪明的谈判者往往会借力打力，掉转势头，并乘胜追击，赢取胜利。

1.拖延战术

若发现自己在谈判中属于实力较弱的一方，那么，你要做的一项重要工作就是尽力消耗对方的优势，变被动为主动。对此，你不妨使用拖延战术。通常来说，谈判结束的时间被称为“死线”，在一般情况下，谈判者都要对自己的

最后期限和“死线”进行保密，因此在谈判中，往往会出现这种情况，双方都希望摸到对方在谈判中的“死线”，以争取主动；与此同时，都对自己的“死线”严格进行保密。

2.妙语补救

这种说话策略能很好地帮助谈判者弥补失误，摆脱对方设置的陷阱。例如，对方诱导你承认了他们的报价，你失口承诺认可了对方的报价，如果发觉得及时，可马上纠正——“当然，这个价格尚未计入关税税额”，如果发觉得较迟，你可通过助手补充纠正，“请注意，刚才张先生所允诺的价格，是以去年底的不变价计算的，因此，还需要把今年头8个月的涨价比率加上去”。当对方听到你已经巧妙绕开了陷阱后，会立即乱了方寸，这时，便是你展开进攻的时机。

3.欲擒故纵

在针对谈判的“死线”的时候，谈判者可以采用欲擒故纵的拖延技巧，但在运用这种技巧的时候，要注意保留余地，不可拖死对方。例如，在改变与对方的谈判日程时可说，“还有别的重要会见”。在神秘中仍给对方一个延后的机会，待到对方等到这个机会时，会产生一种珍惜感；保证自己手头有“筹码”可以再次吸引对方谈判，不能使自己的地位僵化，否则，一“拖”即逝，无力再拉回对方；在采取拖延技巧的时候，一定要注意自己的言论，说话要委婉，避免从情感上伤害对方造成矛盾焦点的转移。

适当威胁，迫使对方调整期望值

在实际谈判中，有时候我们会运用到“威胁术”，指的就是在谈判中提出一些具备侵略性的提议，强迫对手同意，或者利用善意的威胁手段改变对手的谈判期望值。心理学家认为，尽管愤怒和激烈的言辞可能在谈判中吓退对手，但冷静的威胁术才是让对方乖乖就范的有效手段。在谈判过程中，谈判者可以对将来的行为做出有条件的提议或表示，以迫使对方接受某种结果或限制对方的选择。

所以，我们又可以说，谈判中的威胁是谈判一方逼迫另一方让步的一种做法。同时，威胁会让受威胁的一方感到一种压力，这种压力迫使其重新调整自己的期望值，并最终做出一定的让步，这就是威胁所需要达到的目的。我们把这种威胁称为“冷静威胁”，那是因为我们并不是真的在威胁对方，而是希望通过向对方施加压力达到一定的谈判目标，所以是善意的。

换言之，假如我们要让自己发出的威胁令对方接受，那必须保证我们所发出的是有效威胁，它必须包含三个特征：高度终结性、高度具体性、后果表述的清晰性。

谈判虽然在表现形式上往往只是语言交锋的过程，但实质上却是一场心理的较量。在商务谈判过程中，谈判的一方经常会通过心理战使对方心里不舒服。在谈判中的善意威胁，就是通过威胁把对手击垮，使对方潜意识里希望尽快完成谈判协议，并在压力下做出退让。通过威胁来向对方施加压力，很有可能会迫使对方做出让步。可以把对方的所作所为将会产生的后果列出来，这样似乎更适宜。

作为威胁者，我们需要认清一个道理。那就是威胁在限制和减少对方选择的同时，也限制了自己可以做出的行动和选择，所以，威胁是具有两面性的。当我们发出的威胁并不能达到预期目的时，我们就需要放弃威胁，如果固执地使用善意的威胁，只会把自己和对方逼进死胡同。在放弃威胁的时候，我们可以重新表明态度并暗示背景已经改变，自然地让威胁销声匿迹，或者以更含蓄的方式来重申威胁，这样才能做到不损伤己方的尊严以及双边关系。

1.进攻性的积极提问

谈判中为了防止过早地暴露自己，双方都会尽可能保守秘密。这时候，你可以保持极大的兴趣转入进攻性的提问，一旦进入提问状态，对方就会感到莫大的压力。

2.权限抑制

如果想让对方在急于求成的情况下遭遇挫折，从而降低期望值做出让步，你可以将并不在谈判桌上的“上级”或“第三者”抬出来，声称某些问题你无权决定，然后借口上司或有关负责人认为对方条件太“苛刻”，不予批准等理由，迫使对方做出让步。

3.最后通牒

在谈判中，可以向对方发出己方不能再做让步或再等待的最后声明，这种策略由于态度比较鲜明，对于降低对方的期望值，增加对方害怕失去这次合作机会的心理压力，促使对方接受我方条件或者做出让步都是很有效果的。

4.“威胁”需要有度

在实际谈判中，我们之所以说要“冷静威胁”，那是因为这样的威胁是需要有分寸的。如果威胁变成了赤裸裸的威胁，那就会让威胁变质，俗话说："狗急了也会跳墙。"当我们的严重威胁给予对方强大的压力之后，所带来的是相反的效果，那无疑是两败俱伤。因此，大部分的威胁只是警告，假如你不敢确信自己所做出的威胁是否可以产生预期效果的时候，最好以委婉的方式表达出来，否则就是自掘坟墓。

5.冷静威胁的方式

在实际谈判中所使用的冷静威胁的方式，其实赌的就是心理承受能力。在这里，我们列举三种威胁方式：压迫式威胁，即威胁方实施威胁后与不实施威胁时给自己造成的利益损失相等的一种威胁方式；自残式威胁，即威胁方真正实施威胁后，他自己所遭受的损失要大于或等于威胁方所遭受的损失，也就是我们常说的"两败俱伤"；胁迫式威胁，即谈判一方在实施威胁后给自己可能造成的利益损失大于不实施威胁时的损失，不过却小于给对方造成的利益损失。

找准着力点，四两拨千斤

生活中，人们进行谈判，都会尽可能地为自己和所代表的利益团体争取利益，于是，"讨价还价"以及"拒绝"就在所难免。对于对方使出的谈判招数，高明的谈判者都能巧妙接住，并且能在悄无声息之间进行反击，使谈判主动权迅速交付到自己手中。也许一些谈判者会发出感叹，如何才能做到这一点呢？其实很简单，这里还考验谈判者的说话水平——你需要使用太极语言，巧

用四两拨千斤，加以反击。而“四两”之所以能够“拨千斤”，最主要的就是找准“用力点”，而且是最有影响的点。找准这个点后，再发力时，就能起到“拨千斤”的效果。

1.每个决策须深思熟虑

这里要求谈判者在谈判中说话要深思熟虑，不能顾此失彼，更不可前后矛盾。对说出的关键词、关键数字和关键性问题要牢记不忘。在讨论其他问题甚至闲聊时，也要避免说出和这些关键问题相矛盾的语言。否则将会引起对方的猜疑而导致被动。同时，尽量不要按照对方的思路走，要千方百计把对方的思维方式引导到你的思维方式上来。

2.懂倾听之道

谈判是面对面的交谈，因此，谈判中要有大半的时间用于听对方说话。常言说“锣鼓听声，听话听音”。能不能听出对方的“音”？听了能不能做出正确的分析和判断？能不能找出对方的“软筋”或“破绽”？从而拿出应对的策略，这些都是能不能实现谈判目的的关键。

3.让对方多说

不要打断对方，让对方多说，不要怕没有说话的机会；在对方有一种“言多有失”的警觉时，要尽力地循循善诱；高明的谈判者不仅善于倾听，还善于在不显山露水的情形下，启发对方多多地说，详细地说；重复对方的讲话，最好把他们要说的话、想说的话尽量地都说出来，以显示出你认真倾听了他的谈话；还要尽量判断出对方的真实意图和水分。然后根据己方的原则立场，拿出一套应对的谋略。

4.保持举重若轻的轻松姿态

所谓举重若轻，就是即使面对的是重大的问题、难点或者分歧较大的问题，也是一种轻松的谈判姿态。因为这样就不至于把谈判双方的神经搞得过于紧张，甚至引发谈判的僵局。所谓举轻若重，就是面对那些鸡毛蒜皮的小问题，也表现出一副极其认真负责的态度去洽谈。一是表明认真负责的谈判态度，二是可以利用这些小事冲淡或化解关键的分歧。如果在关键问题上谈不下去的时候，也可以采取迂回战术。有时候，这些方法只要利用得当，也能达到同样的谈判目的。

把对方引入自己的思路

其实，日常谈判无疑是彼此思想的碰撞和交流。1000个读者就有1000个哈姆雷特，世界上没有两个思想完全相同的人，这也就注定了交流中会出现冲突和摩擦。而以说服对象为中心，就要以对方的角度来看问题，多用迂回的说服策略。巧妙地把对方引入自己的思路，按自己的想法说话，那样自己的意见就能够轻而易举地得到对方的赞同，甚至在谈话中取得决定性胜利，让对方心甘情愿地支持你。

任何观点都有采纳和建议两方面，平常的东西都与本源相连接。我们在说服他人时一定要找到对方的切入点，切忌采用直接的方式，而要采用迂回的说服策略。我们每个人都有着自己的一系列观点和看法，它时刻支撑着我们的自信，同时它也是我们思考的结果。无论是谁，遭到别人直言不讳的反对，特别

是当受到激烈言辞的痛击时，都会产生敌意，导致不快、反感、厌恶甚至愤怒和仇恨。这时，我们何不迂回地表达自己的意见，让对方按自己的想法考虑问题？这样一来，事半功倍，我们的意见更能被人所接受。

第13章

谈判最终曲，皆大欢喜地签订谈判协议

谈判最终曲就是谈判终结，这是谈判过程中比较难的阶段。毕竟谈判双方经过了长时间的谈判后终于要有结果了，成败在此一举。大量实践证明，谈判终局阶段若处理不好，谈判也会遭遇失败。

最后的赢家才是真正的赢家

中国有句俗语：“最后的赢家才是真正的赢家，要笑就要笑到最后。”这句话一点也不假。谈判中，我们在与对手交涉的过程中，也只有手握底牌，在关键时刻阐明观点，才能出奇制胜，让对手心服口服。谈判桌上，谁能掌控好情势，谁就会是最后的赢家！作为谈判者，在谈判过程中，只要你能抓住对方的心理，根据对方不同的利益需求，适时说出让对方毫无对策的话，我们势必会掌握谈判的主动权。

谈判中，双方往往都有自己的底牌，但要让对方心服口服，谈判者一定要沉得住气。有些时候你能清楚地感觉到事情正在越变越糟。你应该采取守势，退后一步，现在的情势不适合马上反击。不要在自己处于劣势的时候拼命地试图证明自己，不妨退守一步。记住，当你处在劣势的时候，不要急着马上反击，等一等，机会总会到来，那时你才能出奇制胜。

1.用事实说话

谈判中，我们要使对手接受你的观点、意见，就要让事实说话，事实充分使你言重如山。“百闻不如一见”，事实胜于雄辩。在说服中，要善于运用事实造势。这种说服方法根本的一点就是唯实、唯事，尊重客观事实，用事实说话。运用事实进行说服最能打动人心，最能使人信服。如果从心理学的角度来分析，人们的心理趋向是求真、求实。只有真实的东西，才是最可信的。

2.把握时机再亮出底牌

以打牌为例，在含有技术成分的牌局中，当你的运气很差时，对手往往会

察觉到并且玩得更好。他们不再把你视为一个威胁，你已经输了气势。这时候，你应该更加保守。不到关键时刻，不要亮出最有分量的牌。因为牌局随时会变，对方也随时会出新的牌，一旦时机出现，立马抓住，也许会反败为胜。

3.关键时刻表态

你还应该在最后说话的时候尽力最大化你的优势，先观察你对手的动作，尽量让对手先表态，然后根据对方的心理变化适时地调整自己的策略，并到最后的时候，一举亮出自己的王牌，让对方心服口服。

当然，要想做到让对手心服口服，我们在谈判过程中，还必须做好保密工作。现实生活中，一些经验尚浅的谈判者总是重复这种愚蠢的做法，即他们不重视保密工作，随随便便地分享个人信息。要知道，有些信息此刻看似无关紧要，但它的泄露在将来可能成为一个致命的错误。

竞争价格谈判，获取有效利益

日常谈判中的价格谈判就是双方综合实力的对比，谈判者应该尽量地了解对方的情况。在生活中，为什么一位常常买菜的老大妈能够比那些不经常买菜的人购买到更低价格的蔬菜？因为她比那个缺乏买菜经验的人更了解市场。所以，在谈判时可以体现谈判者对市场、对产品的综合认知程度。

谈判者需要了解国内的价格水平、国际的价格水平，以及对手公司的情况，尽可能主动准备资料以达到心中有底。而且，谈判者需要十分了解公司的产品结构、成本以及生产周期，运用自己熟悉的东西来引导对方对自己产品增加认知程度和满意程度。之所以这样，就是为了在关键的时候及时做出决定以达成协议。尽管说价格谈判比较困难，但并不是无技巧可循，假如我们了解这个产品在国内已经饱和，那我们就知道竞争的将是什么，若产品有技术含量，有独特的地方，那我们就清楚怎么样可以获取高利润。

当然，在这个过程中，我们需要明白的是对方为什么会觉得价格贵。通常，对方认为价格贵有以下几方面原因。

1.认为产品不值这个价

人们经常会看中一些商品，不过并不是这个商品卖多少钱，他们都会选择买。他们会根据商品的质量、包装等各个方面衡量其价值，若是认为商品不值这个价则会选择不购买。

2.超出了预算

除非你让自己的产品对对方产生了特别的吸引力，否则，对方是不会花很多力气去筹资或者破例增加预算的。

3.别家卖得比你的便宜

一旦对方有这种疑虑的时候，说明你并没有让对方认识到你的产品比竞争对手好在哪里，客户认为你的产品品质和竞争对手不相上下，不过比竞争者贵。

4.认为你的报价有水分

有时候对方想通过谈判了解你的底价，不想做冤大头。这时候，就是对双方谈判技巧的考验了。

一旦我们了解了对方的心理，就会开始真正的价格谈判。商务谈判归根到底就是价格谈判，因为保障我方的利益是商务谈判的最高准则。在正式谈判中，我们需要注意一些技巧。

1.不要掉入对方的陷阱

通常对方会布置各种陷阱，引己方上当。例如，对己方提出的价格的某一

特定部分，对方会询问其底价，然后忽然要求己方删除这一部分，并降低总的售价，这是一种很实用的价格谈判技巧。

2.暗度陈仓

有时候，对方为了获得优惠的价格会答应己方将来还要购买我们的产品，交易达成之后，将来的事情却是很难说的，这其实是一种权宜之计。己方若是想抓住长期客户，可以先获得对方的承诺，即成交之后的细节问题必须由对方全权包办。事后，尽管对方发现自己的权益受到约束和控制，不过仍旧不得不与我们签下长期合约，服务与保养等项目来由我们负责，而价钱由我们出，对方不得有任何异议。

3.如何应对买方的讨价还价

买方应付卖方有很多办法，如他可以说“对不起，我已经超出预算了，我资金有困难”。这时卖方绝对不能上当。我们必须调查对方实际上的资金实力，假如对方有某项未透支的预算，一旦发现，就可以请他挪用该项预算，当然，这时你必须了解预算期限，才能与对方事先约好交货时间。

耐心和沉默是谈判最好的方式

谈判成功一定有方法，为了促成谈判的成功，必须遵循一定的让步策略，以及采取合适的让步方式。或许，我们认为在谈判中最重要的策略应该是沉默，当每一次提出自己的条件之后，就是耐心地等待对方对这个条件做出反应。在这个等待的过程中，耐心和沉默就是谈判最好的方式。这时，我们不需要把对方的沉默当作拒绝，或许对方只是在思考对策。假如这时己方先沉不住气而做出让步，那就显得极为不妥。在这个沉默的空隙，我们也需要积极思考合适的让步方式。

在实际谈判过程中，我们到底应该怎么样做出让步？什么样的让步方式才是正确的呢？这是最难以把握的，现在我们就列举几种常见的让步方式。

1.均值的让步方式

均值让步，简而言之，就是每一次让步都是一样的。这种均值的让步，是为了细水长流，给对方以好感。不过，假如不暗示对方让步已经达到极限，那么对方就会一直期待下去，总觉得你还会做出与前面相同的让步，以至于让谈判陷入僵局。

2.坦诚让步

坦诚让步，也就是让步阶段一开始就全部让出可以让出的利益，而在随后的阶段再无处可退让。这种让步策略可以说是最坦诚的方式，较为容易让对方采取同样的回报行动来促成交易的最终达成。与此同时，我们首先做出最大限度的让步，会给对方以合作感、信任感，直截了当一步让利也利于谈判速战速决，从而有效地降低谈判成本，提高谈判效率。

不过，我们在使用这种方式时也需要注意，一次性较大的让步，有可能会让我们失掉本来能争取到的利益，而且这种让步方式有些操之过急，会增加对方的期望值，会让对方想要进一步讨价还价，甚至会得寸进尺。但是，假如己方在谈判中处于劣势，或许双方又是多年合作的伙伴，彼此很熟悉，那采用这样的方式是比较稳妥的。

3.针锋相对的让步方式

在实际谈判中我们经常会遇到某些不容易打发的对手，他们往往报价很

高，继而在很长的时间里拒绝让步。如果我们无法保持镇定，做出了让步，他们就会设法逼迫你接着做出另外一个让步。在应付这样的谈判对手的时候，我们就需要针锋相对，以牙还牙。

4.适当附加条件

卓越的谈判者总是开口说“如果……那么……”来表达自己的让步，先是明确要求对方做出让步的内容，后面就是己方可以做出的让步。当然，我们可以认为，没有前半句的条件，就没有后半句的回报。这样适当的附加条件，一方面，对方必须在你做出让步的同时，也做出让步来回报，因为你的让步是以对方的让步为条件的，假如对方不做出相应让步的话，你的让步也就不能成立。另一方面，对方必须做出你所需要的让步，以免对方用无关紧要的让步来敷衍你。

5.希望的让步方式

希望的让步方式，就是我们让步的方式呈现递减的顺序，这种让步方式幅度呈下降趋势，显示出己方态度坚定，同时表明己方已经做出了最大限度的让步，这样的方式是极为合理的，不过因为最后还有余地，对方会觉得再施加一点点压力，或许会有意外的惊喜，这样也有利于谈判的顺利进行。

6.无损让步的方式

在使用这个让步方式的时候，我们可以先跟对手说明，其他公司或者有实力的人也接受了同样的条件。与此同时，我们需要反复向对手保证其享受了最优惠的条件，暗示这次谈判成功将会对以后的交易产生有利的影响。

在实际谈判过程中，我们需要反复强调己方的某些条件的完美、周到、突出，如交货的日期、付款方式、运输问题、售后服务甚至保证条件等。在交流过程中，认真地倾听对方的讲话，不要打岔，不要中途反驳，打岔会让对方心生不快，中途反驳对方会让对手生气，这些都将影响整个谈判的结局。

见好就收，别不留情面

中国人历来比较注重面子，任何社交场合，人们都把自己的面子看得比什么都重要，誓死捍卫自己的面子。“面子”这个古老的中文词汇在它诞生之初就有了非比寻常的意义，以至于我们很多人无法不重视它的存在。当人们在无法判断某人的才华能力或权力地位的时候，就会观察其是否能博得面子来判断其为人。于是乎，就诞生了“交际场上，面子大过天”这样一句话，大多数人明白这样的道理，自然也就懂得在交流沟通时维护他人的面子。可是，对于某些人来说，他们偏偏不认这个死理，说话咄咄逼人，信口开河，丝毫不顾及别人的情面，以至于闯下大祸。

在日常谈判中，最忌讳的是沟通出了问题，本来只要见好就收，对方也就不再声张了，可有的人就是嘴巴闲不住，硬是多说了那么几句，结果，扫了对方的面子，搅黄了整个沟通，而且，也得罪了对方，这简直是得不偿失。所以，在实际谈判过程中，涉及情面的事情，见好就收吧，别不留情面，否则，苦头只有你自己吃。

如何给他人留情面呢？你可以这样做。

1.态度温和

面子人人都好，假如你让谈判对手失去了面子，你就不会从他那里得到什么好处。任何人都喜欢他人在人多时态度温和、言语轻柔带着一种尊重跟他述说，不喜欢被别人当场指正。如果我们保全了对方的面子，他们也会十分尊重我们，为我们保全面子，互相支持，互相配合。

2.肯定和抬高谈判对手

每个人都是好面子的，都喜欢在别人面前展现所长。在谈判中，我们会遇到偶尔聊天的机会，这时应该把握时机，肯定和抬高对方，让对方对我们产生好感，使工作顺利进行。因此我们应该抓准机会在别人面前夸赞客户所长，让客户对我们刮目相看。

3.给对方留面子，就是给自己面子

许多人不知道这样一个道理，你若是给了别人面子，其实就是给自己面子。可能，在现阶段，对方的处境并不怎么样，但是，你也没必要赶尽杀绝，硬是要扫了他的面子。凡事多与人为善，今天你给对方留面子，日后他肯定会把这面子留给你。

4.避开对方过往的敏感旧事

隐私就是不可公开或不必公开的某些事情，有可能是缺陷，有可能是秘密。因此，我们在进行语言交流的过程中，需要避开彼此的隐私，即使无意中提到了那么一两句，也需要见好就收，别不留情面。

5.得饶人处且饶人

在谈判中，有可能出现这样的情况：对方无意之中犯下了错误，可你却总是揪着对方的错误不放，说话越来越过分，丝毫不顾及对方的情面。其实，不管对方是无意的还是有意，既然错误已经发生了，再说那么多的话也于事无补，所谓“得饶人处且饶人”，批评的话也见好就收吧，别不留情面，否则，他日对方若有了出头之日，定会向你讨这旧耻雪恨。

把“丑话”说在前面，不落入协议的陷阱

在谈判中，协议制约着当事人。严格按照协议做事，不违背协议约定的内容，是双方诚信的表现。一旦违约，就要承担相应的责任和后果。协议事关双方的利益，它是一把双刃剑，既能保护自己的利益，也制约着自己的行为。在谈判中，协议作为谈判终局的事项非常重要。不过，签订协议之前，谈判者一定要把“丑话”说在前面，以免日后引起纠纷。

签订协议，不要只考虑到对方，或者顾及对方的情面，而不敢为自己争取利益。在签订协议前，要妥善行事，三思而后行，考虑周全，积极为自己争取利益。对于协议中不合理的地方，要勇敢地提出来，把“丑话”说在前面，才不至于落入协议的陷阱，哑巴吃黄连，有苦说不出。对于那些苛刻的履约条款，违反有关法律规定的条款，谈判者要具备防范意识。协议中这些条款的设置，大都在不太显眼的位置。谈判者一定要注意这些隐性条款，否则，自己的利益将会得不到保护。

丑话尽管难听，但在一定程度上保证了自己的利益。俗话说害人之心不可有，防人之心不可无。签订协议前如果不三思而后行，考虑不周全，行事不稳重，就会出现疏漏，损害自己的利益。在谈判场合中，如果只考虑对方的情面，协议就会流于形式。签订协议之前，把丑话说在前面，保证双方的利益，一旦出现纠纷就会照章办事，不会出现不公正的现象。谈判者在签订协议前，

要严格谨慎，细心全面地看清协议的内容，本着诚信、公平的原则，约定协议的内容，以避免出现不必要的纠纷。

陈琪大学毕业后，由亲戚介绍进入一家公司。在与公司签订协议时，碍于亲戚的情面，陈琪只是大致浏览了一下协议内容，就签上了自己的名字。此后，陈琪在这家公司工作了3年，虽然工作很累，薪资不高，但是陈琪任劳任怨，从来没有叫过苦、喊过累。然而，令她没有想到的是，在公司最近的一批裁员名单上，她的名字赫然在列，这让她备受打击。

公司裁员已定，陈琪需要另寻出路。当她离开公司，到处寻找工作时，她却发现，她没有得到应有的补偿。她去找公司询问，有关人员查询了她与公司签订的协议，告诉她协议里没有写补偿问题。陈琪这时才意识到，自己当初是多么幼稚、粗心。

再次寻找工作时，公司负责人要求她签订协议，陈琪吸取了以前的教训，仔细看了公司拟定好的协议后，她发现了几条不利于自己的隐性条款，经过精心考虑，她终于鼓足勇气，要求公司删掉那几项不合理的条款。公司负责人认真听取了她的建议，对协议做了修改。陈琪的利益受到了合法保护。

合法合理的协议，能够保护当事人的利益。不合理的协议，对于谈判者来说，不啻于深不可测的陷阱。在签订协议前，认真思量，周密思考，就可以避免自己的利益受损，从而保护自己。事例中的陈琪，在找第一份工作时，碍于亲戚的情面，只是草草地看了一下协议，就签上了自己的名字，以至于后来没有得到赔偿。后来吸取了教训，维护了自己的正当利益。

签订协议前，谈判者只有考虑周全，注意协议中的隐性条款，才能维护自己正当的利益。但是我们经常会发现这样的情况，有些谈判者为了暂时有栖身之处，或委曲求全，或碍于别人的面子，不敢提出自己不同的意见，以至于错失良机，结果出现纠纷，只能默默忍受。为了避免出现这种情况，谈判者要勇敢地说出自己的想法，看清协议条款。把“丑话”说在前面，才能防患于未然。如果不敢表达自己的想法，唯唯诺诺，即使签订了协议，那也像一纸空文，对谈判本身没有什么较大的价值。

重视合同文本的起草

一旦谈判双方就交易的主要协议达成一致意见之后，就会进入合同签订阶段。那么，这个合同由谁起草呢？通常情况下，文本由谁起草，谁就掌握主动，由于口头上商议的东西要形成文字，会经过一个过程，有时仅是一字之差，意思就会有很大的区别。在起草合同时可以按照双方协商的内容，认真研究写入合同中的每一条款。不过，有时即便认真审议了合同的各项条款，却由于文化上的差异，对词意的理解也会有所不同，难以发现于己不利之处。所以，己方在谈判过程中，应重视合同文本的起草，尽可能争取起草合同文本的主动权，假如做不到这一点，也要与对方共同起草合同文本。

那么，在合同签订阶段，我们需要注意哪些方面呢？

1.争取拟定合同文本

在谈判过程中，己方争取拟定合同谈判的草稿，在此基础上进行谈判，形势就会有利于己方。当然，起草合同的文本，需要做很多工作，例如，在拟订谈判计划时，所确定的谈判要点，其实就是合同的主要条款。起草合同文本，不但要提出双方协商的合同条款，以及双方应承担的责任、义务，而且己方要

对所有提出的条款进行全面认真的讨论和研究，哪些条款不能让步、哪些条款可以做适当让步、让步到什么样的程度。如此一来，当双方就合同的草稿进行实质性谈判时，己方就可以顺势掌握主动权。

2.确保合同双方当事人的签约资格

合同是具有法律效力的法律文件，所以，要求签订合同的双方都必须具有签约资格。否则，即便是签订合同，也是无效的合同。在签约的时候，需要调查对方的信资情况，可以要求当事人互相提供法律文件，证明其合法资格。通常情况下，重要的谈判、签约人应该是董事长或总经理。即便出现签约的不是董事长或总经理，也需要检查签约人的资格，诸如了解对方提交的法人开具的正式书面授权证明、授权书、委托书等。

3.合同要明确规定双方的义务、违约的责任

大多数合同只规定双方交易的主要条款，却忽视了双方各自应尽的责任与义务，尤其是违约应承担的责任。如此等于无形中为双方解除了应负的责任，削减了合同的约束力。有些合同条款则写得非常含糊，即便是规定了双方各自的责任和义务，不过假如合同条款不明确，也没办法追究违约者的责任。例如，某一城市与港商签订了一个出售矿渣的合同，合同中只明确港商可以每天拉一车，时间一个月。但由于没有明确提货车的型号，结果对方拉货的车越来越大，己方明知吃了哑巴亏，却也无可奈何。

4.合同的条款必须详细、一致

合同条款太模糊不利于合同的履行，同时，还需要注意合同中的条款不能重复，更不能前后出现矛盾。例如，某企业与外商签订一份合同，在价格条款中有这样一条：上述价格包括卖方装到船舱的一切费用。而在交货条款中却又出现了这样的规定：买方负担装船费用的二分之一，凭卖方费用单据支付。诸

如这种前后矛盾的合同，很容易被人钻空子。

5.尽可能争取在己方地盘举行签字仪式

许多较为重要的谈判，一旦双方达成协议，举行的合同缔约或签字仪式，尽可能争取在己方地举行。这主要是因为签约地点往往决定采取哪国法律解决合同中的纠纷问题。按照国际法的一般原则，假如合同中对出现纠纷采用哪国法律未做具体规定，一旦发生冲突，法院或仲裁庭就可以根据合同缔结地国家的法律来做出判决或仲裁。

参考文献

[1]冠诚.谈判心理学：一开口就能说服所有人[M].郑州：郑州大学出版社，2017.

[2]朱建国.强势谈判心理学[M].南京：江苏凤凰文艺出版社，2017.

[3]梁志刚.谈判心理学：制造强势心理势差的谈判技巧[M].北京：企业管理出版社，2018.

[4]康木.谈判心理学：扭转乾坤的心理学谈判技巧[M].北京：中国法制出版社，2018.

[5]艾莉卡·爱瑞儿·福克斯.哈佛谈判心理学[M].北京：中国友谊出版公司，2019.